促进贵州省经济发展的税收区域公平问题研究

杨 杨 王 立 著

科学出版社

北 京

内 容 简 介

本书作为学术研究著作，尝试在一个合理、科学的框架内对贵州省税收区域公平问题进行研究。从理论上对公平观、税收公平观、税收区域公平进行了系统论述，同时收集了较为充分的数据资料对其进行实证分析，重要结论基本都建立在客观数据的基础上。本书立足我国国情和贵州省省情，以理论为指导，有助于读者了解税收公平观的发展历史，理解税收公平内涵，辩证看待税收公平与效率的关系；以数据结论为依据，探讨了税收公平在国家的宏观税制层面，在区域之间的中观协调层面，以及在贵州省的微观操作层面的政策、作用和作为。

本书内容覆盖面广、信息量大、系统性强，适合高等学校财政、税收等经济类专业的高年级本科生、研究生作为参考书使用，也适合对税收公平理论感兴趣的研究者阅读，对财政、税务等政府部门的实际工作者也具有一定的参考价值。

图书在版编目（CIP）数据

促进贵州省经济发展的税收区域公平问题研究 / 杨杨，王立著.
—北京：科学出版社，2016
　ISBN 978-7-03-048783-4

　Ⅰ.①促… Ⅱ.①杨… ②王… Ⅲ.①地方税收－税收管理－研究－贵州省 Ⅳ.①F812.773.042.3

中国版本图书馆 CIP 数据核字（2016）第 131861 号

责任编辑：马　跃　王丹妮 / 责任校对：郑金红
责任印制：张　伟 / 封面设计：无极书装

*科 学 出 版 社*出版
北京东黄城根北街 16 号
邮政编码：100717
http://www.sciencep.com

北京京华虎彩印刷有限公司 印刷
科学出版社发行　各地新华书店经销
*

2016 年 6 月第 一 版　开本：720×1000 B5
2016 年 6 月第一次印刷　印张：6 3/4
字数：136 000

定价：52.00元
（如有印装质量问题，我社负责调换）

作 者 简 介

杨杨，女，布依族，贵州省惠水县人，中共党员，税收学博士，现为贵州财经大学教授，硕士研究生导师，贵州财经大学财政学学术带头人，贵州省高校哲学社会科学学术带头人。主要从事财税理论及实务方面的教学和研究工作。主持国家级、省（部）级课题三项，主编或参编专著三部，在《税务研究》等刊物公开发表核心论文三十余篇，并多次获得优秀教师荣誉称号及省部级科研成果奖。

王立，男，汉族，四川省乐山市人，中共党员，财政学硕士。现供职于中国华录集团，从事产业发展、投融资规划、宏观经济研究工作。

前　言

　　1994年我国实行分税制改革，搭建了社会主义市场经济条件下中央与地方税收纵向分配关系的基本制度框架。但随着经济发展水平的提高，税收规模的不断扩大，省与省之间或同一省份内各市、州政府之间的税收横向分配矛盾加剧，税收区域公平问题凸显，已经严重影响到区域经济的全面、协调、可持续发展。

　　通常来讲，税收移入区多为发达地区，它们获取的实际税收要大于应征税收；税收移出区则多为欠发达地区，它们获取的实际税收要小于应征税收。这种税收与税源相背离的情况就会造成税收区域分配的不公平，进一步加剧发达地区和欠发达地区的发展差距。

　　2012年，国务院颁布了《国务院关于进一步促进贵州经济社会又好又快发展的若干意见》（国发〔2012〕2号文件），该文件指出，"贫困和落后是贵州的主要矛盾，加快发展是贵州的主要任务。贵州尽快实现富裕，是西部和欠发达地区与全国缩小差距的一个重要象征。……研究完善水电税收政策，进一步使当地分享开发成果"。因此，结合我国和贵州省实际，以税收与税源的关系为研究视角，运用定量和定性分析相结合的方法，就成为研究贵州税收区域公平问题的一个重要切入点。解决好税收区域公平问题，特别是处理好贵州省税收与税源的关系问题不仅有助于贵州省脱贫致富，实现后发赶超，也有助于提升我国区域统筹发展的整体效能，是促进公平正义，推动区域协调发展，实现全面建成小康社会目标的迫切需要。

　　目前，学术界有关税收区域公平的研究成果颇丰，但专门针对贵州省税收区域公平问题的研究还比较欠缺。笔者于2012年9月承担了贵州省省长基金科教英才培养工程项目——"促进贵州省经济发展的税收区域公平问题研究"（项目号：黔省专合字（2012）138号），本书正是以上项目的综合性研究成果。期望能填补贵州省在该领域的研究空白，力争对有关部门、专家学者在研究这类问题和决策时有所帮助。

　　本书在编写过程中，吸收了不少前人的研究成果，参考和借鉴了大量优秀学术著作的写作方法，得到了许多专家学者、同仁及学生的鼓励和帮助，科学出版社也给予了大力支持，在此一并表示衷心的感谢！

　　由于时间仓促，加之笔者研究能力与水平有限，书中存在许多不尽成熟之处，敬请广大读者、专家批评指正，以便我们进一步改进和完善。

杨 杨 王 立

2016年4月

目　　录

第 1 章

导　　论

1.1　选题背景和研究意义

我国1994年实行分税制改革后，重新划分了中央和地方的财权和事权，中央财权不断扩大的同时，地方税收收入也实现了迅猛的增长，但分税制改革只理清了中央和省一级地方政府的税收纵向分配关系。省与省之间或同一省份内各市、州政府之间的税收横向分配矛盾加剧，税收区域公平问题凸显的现状已经严重影响到区域经济的健康发展。2014年6月30日，中共中央政治局审议通过了《深化财税体制改革总体方案》，该方案明确提出，"要调整中央和地方政府间财政关系，建立有利于科学发展、社会公平、市场统一的税收制度体系"。可见，解决好税收区域公平问题，是一场立足全局、着眼长远、事关国家治理体系和治理能力现代化的深刻变革，对于财税体制的深化改革及现代财政制度的建立意义重大。

税收横向分配不公平主要表现为区域间税收与税源的背离，导致税收收入在各区域间出现再分配的现象。税收移入区通常为发达地区，它们获取的实际税收要大于应征税收；税收移出区通常为欠发达地区，它们获取的实际税收要小于应征税收。这种背离现象的出现不仅会对区域税收征管和公共物品的供给带来影响，还会出现贫者越贫、富者越富的"马太效应"，从而造成税收区域分配不公平的问题。首先，税收与税源的背离易引起区域间税收归属的纷争，造成税收管理的低效率。其次，税收移入区的财政能力加强，可支配收入增多，相关公共产品的供给增多，当地人民的生活质量也会随之提高；而税收移出区的财政能力减弱，可支配收入减少，公共产品的供给可能会不足，不利于人民生活质量的提高。最后，税收与税源的背离会进一步拉大发达地区与欠发达地区的经济发展差距，不利于经济欠发达地区与全国同步建成小康社会，不利于先富带动后富，不符合区域间协调公平发展的客观要求。

《国务院关于进一步促进贵州经济又好又快发展的若干意见》（国发〔2012〕2号文件）文件提出："贵州是贫困问题最突出的欠发达省，贵州尽快实现富裕，是西部欠发达地区与全国缩小差距的一个重要象征，是国家兴旺发达的一个重要标志。进一步加大中央财政均衡性转移支付力度，逐步缩小地方标准财政收支缺口，研究完善水电税收政策，进一步使当地分享开发成果。"党的十八届三中全会也提出："要建立现代财政制度，发挥中央和地方两个积极性，按照统一税制、公平税负、促进公平竞争的原则，加强对税收优惠特别是区域税收优惠政策的规范管理。"以上政策精神旨在解决贵州省可能存在的税收与税源背离问题，促进税收横向分配向公平方向发展。值此"科学发展、后发赶超"的关键时期，本书以贵州省税收区域公平问题为研究对象，以税收与税源的关系为研究视角，目的在于发现贵州省税收区域不公最主要的表现形式，并以测算得出的结果通过横向比较分析原因，以期提出切实可行的思路和建议。解决好税收区域公平问题，特别是处理好贵州省税收与税源关系问题，有利于助推贵州省"5个100工程"的完成，实现区域间经济协调发展；有利于助推贵州省脱贫致富，在2020年与全国同步建成小康社会；有利于助推贵州经济从洼地走向高地，调动全省人民抢抓机遇、艰苦奋斗、攻坚克难。

1.2　国内外研究概况

1.2.1　国外研究概况

目前，国内外很多文献都对税收区域公平进行了研究，这主要表现在税收收入归属权和税收征管管辖权的探讨上。在税收公平方面，威廉·配第（William Petty）在其著作《政治算术》中提出，税收要对任何人、任何区域没有任何偏袒，税收负担要适中[1]。英国经济学家亚当·斯密在《国民财富的性质和原因的研究》（即《国富论》）中提出了税收的四大原则，即确定、经济、便利和公平原则。亚当·斯密认为，在可能的范围内，一个国家的某个公民（区域）要按照自己（本区域）的受益比例或者按照自己（本区域）的能力缴纳税收[2]。这也形成了税收负担研究较早的理论基础。Eustie在《财政学体系》一书中提出"平等课征税收""国民必须缴税"等六大赋税原则[3]。

关于税收收入的归属权，蒂布特（Charles Tiebout）在其文章《地方支出的纯粹理论》中提出了"用脚投票"理论，即每个人都能找到满足自己需要并居住的社区,该社区也会给他们提供最满意的税收和公共服务[4]。马斯格雷夫(Musgrave)对合理的税收分配制定了两个标准:一是税收作为政府财政收入的最主要来源,为了保证政府职能的实现,其收入量应该尽量满足财政支出的要求[5];二是税收收入应由对税种的计税依据掌握最大信息量的政府来征收。此外,马斯格雷夫在与布坎南的辩论中提出,流动要素的课税权应该给中央政府;完全稳定税收的课税权应留给地方政府;有关分配性的社会保险税、累进税应由中央政府负责征管;当地居民的各种税收应由地方政府负责征管;有利于经济稳定的税收应由中央政府负责征收;各类收费和受益税可由地方政府负责征收[6]。

在税收征管管辖权方面,汤姆斯·西文·亚当斯(Thomas Sewell Adams)基于国家福利方法,认为任何外国非居民只要在政府的管辖区域内,都应课征合理、适当的税收,即主张要按税收的来源地进行征管,税收管辖权也应以地域为征税依据,遵从属人原则的优先性。塞力格曼(Edwin R.A. Seligman)则主张以经济忠诚(即指各地区对于经济所得做出的贡献)的属地原则作为税收征管的依据,他认为居住地才具有税收征管的优先性[7]。

1.2.2　国内研究概况

目前,国内关于税收区域公平研究的已有很多,其中大量文献都以税收与税源的关系为主要研究视角。国务院发展研究中心"制度创新与区域协调研究"课题组认为,由于生产经营活动的复杂性和税制设计等,伴随经济的发展,发达地区与欠发达地区税收与税源相背离的现象在我国表现得日益明显,已经严重制约区域之间的协调发展,还易诱发地方政府间展开无序的税收竞争[8]。王辉认为,税收与税源的非均衡,一方面会导致地方公共物品的提供出现扭曲,降低居民福利;另一方面会导致地区产业结构发展不平衡,产业升级缓慢[9]。刘金山和何炜通过对我国31个省份(不包括港、澳、台地区)流转税各税种的背离情况进行测算,得出省际财富逆流现象严重的结论[10]。王倩和刘金山在其文章《我国区域税收转移的成因与影响》中指出我国区域税收与税源背离共有11种表现形式,即总部经济、企业合并纳税、集团公司转让定价、内外资企业的迁移、资源性产品的价格扭曲、省际贸易、区域间税收竞争、税制设计不尽合理、隐形的税收转移、可能存在的制度性税收转移、税收政策区域差异等形式导致的背离[11]。刘玉池等指出,税收的横向转移会导致税收横向分配的不合理,加大区域间发展的差距,这在很大程度上是由1994年分税制改革造成的[12]。此外,国内很多专家学者都认为无序的税收竞争会导致经济的社会净损失,对地方经济发展和财政收入产生不良影响。刘笑萍认为,我国的税收竞争主要以制度外的税收竞争为主,这种竞争方式产生的负面影响较大,致使西部欠发达地区在竞争上处于不利地位[13]。许善达认为，由于地方之间的利益分配缺乏合理的规范，所以地方政府间的税收竞争不可避免，他主张用比较分析法，即用区域税收总量占全国比重减去区域生产总值总量占全国比重，若差为正，说明该区域为税收移入地，反之则为税收移出地[14]。

1.2.3　西部省份研究概况

目前已有文献中，专门针对贵州省税收区域公平的研究尚且比较欠缺，其中较为广泛的是对西部地区或对西部其他具体省份税收与税源的关系进行的分析。国家税务总局（简称国税总局）"税收与税源问题研究课题组"指出，西部省份的资源优势难以转化为财政和经济优势，欠发达区域有税源却无税收，东部发达区域有税收而无税源，税收横向分配不公问题亟待规范[15]。杨颖提出国家有关部门要尽快出台公平、科学、合理的跨区域税收项目分配办法，要兼顾贵州省和各方利益，推动区域经济共同发展[16]。邹国金等认为，采取跨区经营总分机构的纳税方式，重庆国税每年将会流失3亿左右，要通过财政调控和税收征管相结合的手段，解决跨区经营汇总纳税产生的税收收入转移问题[17]。陕西省国家税务局课题组根据实地调研和数据分析认为，资源品的非市场定价、西部大开发给予的税收优惠政策、现行税制和资源税制度的不合理，是引起陕西省分税制财政体制外背离的主要原因[18]。董学泰从案例、实证两个方面分析得出云南省内各地之间确实存在税收转移现象。他认为，从宏观的角度看，云南省各市州经济发展不平衡、产业结构差异、发展政策的导向作用等是产生税收转移的间接原因；从微观的角度看，税收优惠政策、资源产品定价、总部经济、跨区经营、税制设计和征管不一致则是形成税收转移的诱导性因素[19]。丁洁在对新疆维吾尔自治区税收与税源背离问题的研究上提出要完善关联交易制度，减少企业不规范的税收转移行为[20]。

1.2.4　文献概况评述

国外许多文献对税收区域公平问题的研究，范围广、理论深，实践应用价值也比较高。但外文文献中对税收与税源的关系，如涉及税收收入的归属权和税收收入的征管权等相关理论的研究并不完全适合中国目前的国情。例如，蒂伯特模型中著名的"用脚投票"理论在中国就很难实现，中国目前尚未放开户籍，况且普通民众已深受中国传统家庭观念的影响，加之区域间经济、教育、社会保障等方面发展的不平衡，都是制约中国人口的自由流动的实现的因素；又如，德国、美国等国家的州一级政府通常具有一定限度的地方立法权、征税权和收益权，而在中国，省一级政府就没有相关权力。由于中国与世界其他国家在制度、环境、国情和文化上存在较大差异，所以只能对相关外文文献的理论研究做一定的参考和借鉴，并根据这些先进理论和经验，针对中国国情具体问题具体分析。

国内学者的研究情况虽然比较符合中国的实际情况，但与国外研究相比，毕竟时间不长，研究成果还比较有限。尽管如此，国内的许多文献也都从各自所选取的视角，尽可能地提出和分析了我国税收区域公平存在的问题，阐述了税收与税源背离的现象，并分析了原因，提出了解决措施。而且，还有学者专门针对西部或西部具体省份做了税收区域公平的相关研究，并从税收与税源关系的视角提出了很多切实可行的建议。但以笔者陋见，上述研究都存在一些共同的局限性：一是许多学者在数据选取上缺乏创新，通常仅用地方级税收收入来衡量一个区域税收与税源关系，这显然已经不符合"营改增"试点行业逐渐扩大，财税体制全面深化改革的新趋势[1]；二是大部分学者都站在宏观层面的角度对税收转移情况进行论述，通常把中西部内陆和东部沿海进行比较，这样做的好处是看到中西部省份长期处于劣势地位，税收移出加剧的大趋势，但在微观层面的可操作性较小。此外，上述研究多集中于规范性分析，对税收与税源背离程度的测算方法比较单一，相关数据的选取宽度还不够。

本书力争在前人研究成果的基础上，结合贵州省的实际情况，选取最新的数据，选用更加丰富多元的方法，以税收与税源的关系为研究视角，定性和定量分析相结合，争取在一个合理、科学的框架内对贵州省税收区域公平问题进行梳理，拓宽研究内容的广度和深度，填补贵州省在该研究领域的空白。

1.3 研究框架结构及研究方法

1.3.1 本书的主要框架结构

第1章介绍本书的选题背景和研究意义。本章对国内外有关税收区域公平问题研究的文献，包括专门针对西部省份税收区域公平问题研究的文献，进行了综述和评述，在总结前人研究成果的基础上，提出本书可能存在的创新点及拟填补的研究领域。

第2章对公平观进行辨析。本章把国外公平观的历史发展和我国公平观的历史发展进行了梳理，对公平与效率的关系进行了详尽的理论分析，并从时序角度出发，深度剖析了起点公平、过程公平、结果公平三种不同的公平观，为第3章税收公平观的思考和研究奠定了基础。

第3章是关于税收公平观的思考。基于第2章公平观的研究，本章梳理了国外税收公平观和我国税收公平观的历史发展情况，对税收公平与效率的内涵及关系

---

① 营业税改征增值税改革从2011年试点至今，已进入收官之年。2016年，建筑、房地产、金融保险和生活服务的营改增方案已经推出，2016年5月1日起生效。

进行了阐述，对税收中性理论的产生与发展进行了介绍，提出研究税收区域公平问题，特别是研究诸如贵州省这类西部欠发达省份税收区域公平问题的必要性、紧迫性和重要性。

第4章是对税收区域公平相关问题的综述。本章从理论和实践两方面入手，阐明了税收区域公平同税收效率及税收中性的关系，并对税收区域不公平的表现形式，即区域税收无序竞争和总部经济模式进行解释和分析，归纳得出引发税收区域公平问题的绝大部分因素是区域税收与税源背离的结论。

第5章是对贵州省税收与税源关系的实证分析。本章搜集贵州省2005~2013年税收收入和地区生产总值等相关最新数据，运用五种方法，测算贵州省税收与税源的关系，并同全国其他省市形成横向比较，分析它们各自的特点。

第6章分析贵州省税收区域公平问题产生的原因。根据第5章测算得出的结果，本章结合制度基础、国家政策及贵州省的实际情况，从税制设计、企业跨地区经营、初级资源产品定价这三大方面，深入探讨导致贵州省税收区域不公平的原因。

第7章是关于逐步解决贵州省税收区域公平问题的建议。在前文的理论基础、实证结果和原因探讨的基础上，本章借鉴国外发达国家解决税收区域公平问题的做法和经验，以我国国情和贵州省省情为基础和导向，提出促进贵州省税收区域公平的政策建议。

第8章是贵州省内九个地州市之间税收区域公平状况的分析。本章把税收区域公平研究进一步延伸到贵州省内九个地州市，通过对省内九个地州市税收背离度的测算，分析它们之间的关系特点，展示省内税收区域公平问题全貌，并据此进行原因分析，从政策层面提出切实可行的建议。

1.3.2　本书的研究方法

第一，规范和实证分析相结合的方法。本书在分析贵州省税收区域公平问题时，对公平观、税收公平观、税收中性等理论进行了详尽分析和梳理，并选用五种方法对税收与税源的关系进行测算，根据测算结果对可能导致税收区域分配不公的原因进行探讨，并在此基础上阐述税收与税源的关系特点，提出政策建议。

第二，比较研究法。一是根据数据测算结果，把贵州省同其他省市区税收与税源的关系及贵州省内九个地州市税收与税源的关系进行比较，总结它们各自的特点，分析引起税收区域分配不公的原因；二是将国外发达国家实现税收区域公平的办法同我国现阶段解决税收区域分配不公的办法形成比较，结合国情合理借鉴国外先进做法和经验。

第三，采用统计调查、数据归纳等研究方法进一步加强本书的说服力。在前期创作准备工作中，对税收收入、地区生产总值等相关经济数据进行收集和整理，通过统计分析、数据调查等方法分析研究所需数据，并对有关数据资料进行归类总结，以此形成可靠、合理、真实的文字表述。

1.3.3　本书的创新点

本书主要在规范和实证分析相结合的基础上，在以下几个方面实现了创新：第一，本书关于税收区域公平的研究在贵州省内尚属前沿性研究，解决好贵州省税收区域公平问题，特别是处理好税收与税源之间的关系问题是本书将要填补的研究领域；第二，本书在理论上对公平观、税收公平观、税收区域公平进行了系统梳理和辩证分析，能有效帮助读者通晓税收公平观的发展历史，理解税收公平的内涵，厘清税收公平与效率的关系；第三，本书在数据选取和研究方法上实现了创新，采用全口径税收收入数据，运用多种方法对贵州省和全国其他省市区的税收背离度及贵州省内九个地州市的税收背离度进行测算，通过横向比较，从客观数据和结果两个角度观察各区域税收与税源关系的特点，进行原因分析；第四，本书立足我国国情和贵州省特有省情，以理论为指导，以数据结论为依据，从国家宏观税制层面、区域中观协调层面、贵州省微观操作层面提出多项行之有效的政策建议，以期解决税收区域公平问题，助力贵州省经济转型升级。

第 2 章

公平观的辨析

公平是人类追求的永恒理想。然而，什么是"公平"？这个深奥的哲学命题犹如"戈尔迪之结"①，至今仍无一个公认的界定。本章在回溯人类追求公平理想的历史轨迹的基础上，试图对市场经济条件下的公平内涵进行理性思考。

2.1.1 公平观的历史发展

1. 国外公平观②的历史发展

1）古希腊的公平观

"公平"概念是现代政治哲学学说最基本的概念，哲学意义上对公平的研究可以追溯到苏格拉底、柏拉图和亚里士多德。苏格拉底（Socrates，公元前469—前399）一生都在探讨公平问题，他认为："不愿行不义的事就足以证明其为正义。……守法就是正义。"[21]"对公平的破坏，来自人的无止境贪欲，或把脚伸到别人的领域中；而自制则意味着健康的灵魂、有秩序的内心，对人对神都会做正当之事"[22]。柏拉图（Plato，约公元前427—前347）则认为："正义是心灵的德行，不正义是心灵的邪恶。"并把正义与社会分工和国家的和谐结合起来，"我们建立这个国家的目标并不是为了某一阶级的单独突出的幸福，而是为了全体公民的最大幸福；因为，我们认为在一个这样的城邦里最有可能找到正义，而在一

---

① 源于希腊神话，古代弗里加王戈尔迪系一绳结，称能解此结者可为亚细亚王，后被喻为难题。

② 正义、公正和公平三者的区分颇为微妙，很难界分。在汉译著作中，Justice一词有时被译为"正义"，有时被译为"公正"，有时又被译为"公平"。因此，本书在引用文献资料时，把它们看成是同义词，即在比较宽泛的意义上使用"公平"一词。

个建立得最糟糕的城邦里最有可能找不到正义"。"当生意人、辅助者和护国者这三种人在国家里各做各的事而不相互干扰时，便有了正义，从而也就使国家成为正义的国家了"[23]。

真正认真研究公平概念的是亚里士多德（Aristoteles，公元前384—前322）。亚里士多德从伦理学和政治学的角度在他的伦理学和政治学的著作中多次讨论了公平的问题。他认为，公平自身是一种完全的德性，"在各种德性中，人们认为公平是最重要的，它比星辰更加令人惊奇，正如谚语所说："公平是一切德性的总汇。"[24]公平是"一切人都认为是一种由之而做出公平的事物的品质，由于这种品质，人们行为公平和想要做公平的事情"[25]。

在整体德性意义之外的公平有三种，即分配的公平、矫正的公平和互惠的公平。所谓分配的公平，除了指经济上的分配之外，还包括对政治权力的分配，但主要是指经济上的分配；矫正的公平是对已有的不公平的一种矫正；互惠的公平则表现为在交换过程中的相互的有利性。

在分配公平特别是指在经济上的分配公平中，亚里士多德又区分了两种形式的公平，即数量相等意义上的平等和比值相等意义上的平等。亚里士多德认为："公平是某些事物的'平等'观念。""所谓平等有两类，一类为其数相等，另一类为比值相等。'数量相等'的意义是你所得的相同物在数目和容量上与他人所得者相等；'比值相等'的意义是根据各人的真价值，按比例分配与之相衡的事物。举例来说，3多于2者与2多于1者其数相等；但4多于2者与2多于1者，比例相等，两者都是2：1之比，即所超过者都有为一倍……正当的途径应当是分别在某些方面以数量平等，而另些方面则以比值平等为原则"[26]。亚里士多德还提到："没有人不同意应该按照各自的价值分配才是公平。不过对所谓价值每个人的说法却各不相同。平民派说，自由才是价值，寡头派说，财富才是价值，而贵族派则说，出身高贵就是德性。"[27]

此处，亚里士多德留下了两个公平的问题：其一，在实际的分配活动中，究竟应当根据何种原则进行分配才是公平的；其二，即使大家都同意都按照比值平等，即按真价值分配，又应根据出生、天赋、能力、财产中的哪一个作为标准？笔者认为，关于这两个问题的不同回答正是当代著名的"罗尔斯与诺齐克之争"的症结所在。

不可否认，受时代条件的限制，古希腊时期人们有关公平问题的论述存在着一些明显的不足。例如，还没有将公平作为一个独立的领域进行研究，对公平的诠释与分析往往也只是通过一些直觉或是简单的现象归纳进行，因此，对公平的研究缺乏本体论的研究和深厚的学理根基[28]。但是，其对于公平是最重要的德性的思想及亚里士多德所提出的关于公平的两个问题的有关思想，对现代公平观有着深远的影响，对后人建构现代意义上的公平的具体规则和内容也富于启发意义。

2）西方近代资产阶级的公平观

欧洲的17、18世纪，是资产阶级革命时期，资产阶级在与封建阶级的斗争过程中，提出"自由、平等、博爱"的口号。资产阶级思想家以"自然法"理论为基础，展开对公平的研究。这种研究的最早代表人物是格劳秀斯（Hugo Grotius，1583—1645），后来他的思想在英国得到进一步的发展，形成了带有霍布斯特色的公平思想。

格劳秀斯认为，"自然法"为人们的理性和行为提供了正当的、正义的准则，这些准则就是自然权利，而这些自然权利是符合人性要求的，因而也就是正义的，自然权利正是有了人类共有的理性才成为公平的、人们普遍遵行的法则[29]。

继格劳秀斯之后，霍布斯（Thomas Hobbes，1588—1697）论述了建立在自然法基础上的公平理论。霍布斯认为，"自然法是使人类走出自然状态的条件，也是建立在理性之上的普遍法则"。他认为自然法最核心的内容是"己所不欲，勿施于人"，在自然法支配之下，人人都是平等的，在对待自然法的态度上，他认为人人必须遵守与自然法精神一致的成文法律，履行契约。"遵守自然法就是实现正义、公平、公道"[30]。

随着资产阶级革命逐步的胜利，资产阶级思想家开始从新的角度对公平的问题展开论述，最为典型的便是卢梭（Jean-Jacques Rousseau，1712—1778）。卢梭认为，"私有制是社会不平等的起源，各种社会制度与法律扼杀了人的天性，限制了人的自由，加深了人与人之间的不平等"[31]。卢梭力图寻求使人重获自由的社会方案，为此，他提出公意学说，即通过转让自己的权利，建立社会契约形成共同体，以实现人类的自由平等。卢梭认为，"以往社会中的不平等是由法律加以确认的，而民主共和国的法律是人民公意的反映，实行这种法律也即实现平等，而体现公意的法律应该体现分配公平的原则。分配公平的原则通过法律对强者进行制约，以防止他们以强凌弱，来保护每个社会成员的生命、自由和财产"[32]。

3）当代西方公平观之争

在当代，西方学者们把公平问题的研究全面地向前推进了一大步，使之逐渐成为人文科学界的显学。其中以罗尔斯（John Rawls，1921—2002）、诺齐克（Robert Nozick，1938—2002）的学说最有代表性。

如前文所述，古希腊亚里士多德遗留下来的关于分配公平的两个问题，至今仍是伦理学界争执不休的话题。亚里士多德在思考公平问题时遇到了两个难题：一是按算术平等进行分配还是按比值平等进行分配才更为公平；二是即使大家都同意按比值平等的原则进行分配，但在何为"真价值"方面，各方却难以达成一致意见。而著名的"罗尔斯与诺齐克之争"，正是对这两个问题不同回答的体现。

罗尔斯与诺齐克都强调公平的首要性，都认为公平优先于善，但从基本立场上看，罗尔斯更倾向于按算术的平等进行分配，体现出对弱者的同情态度；而诺齐克则认为应当按照比值平等的原则进行分配，反对对弱者的补偿。具体来说，罗尔斯的正义原则是建立在原初状态、无知之幕和理性选择这样的分析概念之上的。在"无知之幕"下，人们对自己的出身、天赋、财产、能力等一无所知，从而使人们在进行选择分配的公平原则时有可能选择相对而言是最公平的公平原则。在"无知之幕"之后，罗尔斯引申出两个公平原则，"第一个原则：每个人对与其他人所拥有的最广泛的基本自由体系相容的类似自由体系都应有一种平等的权利。第二个原则：社会的和经济的不平等应这样安排，使它们被合理地期望适合于每一个人的利益；并且依系于地位和职位向所有人开放"[33]。第一个原则可概括为平等自由原则，第二个原则可概括为机会的平等和差别的原则。公平的这两个原则是按照"词典式"先后次序安排的，即第一个原则优先于第二个原则，第二个原则的公平机会又优先于差别原则，只有在充分满足了前一个原则的情况下才考虑后一原则。也就是说，在罗尔斯那里在按比值分配不可避免的情况下，要保证那些由于出身、天赋、财产、能力等偶然因素处于弱势的人们的利益，而且对他们的受益而言是最大的受益，不仅如此，为了尽可能做到公平，还应坚持对弱者进行适当的补偿原则。

诺齐克强烈反对罗尔斯把"自然才能的分配"看做一种"集体的资产"的观点[34]，他认为这些都是人的基本权利，是神圣不可侵犯的。在诺齐克看来，社会制度的首要问题不是罗尔斯所谓社会权利的公平分配问题，而应该是个人权利的自由保障问题。他用"持有公平"代替罗尔斯的分配公平。诺齐克指出，在社会基本结构中，每个人的持有都是各异的，存在着差别。一个人的持有是否公平，关键在于他是否对其拥有权利。如果一个人对其持有是有权利的，那么，他的持有就是公平的。如果每个人的持有都是公平的，那么持有的总体就是公平的。因而，一个社会的财富分配是否公平，完全依赖于每个人的持有是否公平；如果财富的分配符合每一个人的资格占有的公平原则，那么它就是公平的。为此，他提出 "持有的获取公平原则、持有的转让公平原则和持有的矫正公平原则"[35]来反对罗尔斯的差别原则及其分配公平原则。也就是说，诺齐克认为，出身条件好、天赋好、能力强的就应当多得，相反就应当少得，国家和政府不应当干预分配也不应当对弱者进行补偿。从罗尔斯与诺齐克的相持中可以看出古希腊神话中契约公平与自然公平这两种不同的公平思想的痕迹。

从现实的角度看，关于分配公平的两个问题正是改革开放以来在我国理论界长期争论不休的"公平与效率"的关系问题的现实表现。在目前我国社会变革时期，如何解决好这个难题，是一个事关大局的大问题，无论是对于建构和谐社会的远景目标，还是实现全面小康社会的近期目标，都具有重大的战略意义。因此，古希腊时期的公平思想—近代资产阶级公平分配观—罗尔斯与诺齐克公平观之争，再次显示了其巨大的历史超越性，值得我们借鉴和研究。

4）马克思、恩格斯：历史唯物主义的公平观

马克思（Karl Heinrich Marx，1818—1883）、恩格斯（Friedrich von Engels，1820—1895）当年没有论述公平问题的专著，他们关于公平与平等问题的思想和观点主要集中在马克思的《哲学的贫困》《哥达纲领批判》和恩格斯的《论住宅问题》《反杜林论》等著作之中，并且他们的思想和观点大多是在批驳论敌的错误观点时阐述的。但是，仔细研读马克思和恩格斯的这些著作可以发现，这并没有影响马克思、恩格斯本人对公平与平等问题观点的全面阐述。他们的公平思想和观点是系统的、全面的。概括起来讲，主要有以下重要观点。

（1）马克思、恩格斯的公平思想是历史唯物主义的观点，即公平观是历史的产物，在不同时期、不同阶段、不同阶级、不同生产方式下有不同的公平观，即公平总是具体的公平，而不存在放诸四海而皆准的具有普适意义的永恒的公平观。具体说来，有以下几个方面。

首先，恩格斯在《论住宅问题》中指出，"蒲鲁东的全部学说，都是建立在从经济现实向法学空话的这种救命的跳跃上的。每当蒲鲁东看不出经济联系时——这是他在一切重大问题上都要遇到的情况——他就逃到法的领域中去求助于永恒公平"[36]。什么是蒲鲁东的永恒公平呢？就是"每个人制造各自的产品，可以立即用来消费，也可以拿到市场上去交换；如果那时每个人能以另一种产品补偿自己劳动产品的十足价值，那么'永恒公平'就得到满足，而最好的世界就建立起来了"。恩格斯尖锐地批判到："但是，这个蒲鲁东向往的最好的世界在萌芽状态就已经被不断前进的工业发展的脚步踏碎了。"[37]虽然，"自从资本主义生产被大规模采用时起，工人的物质状况总的来讲是更为恶化了，对于这一点只有资产者才表示怀疑。但是，难道我们因此就应当渴慕地惋惜（也是很贫乏的）埃及的肉锅，惋惜那仅仅培养奴隶精神的农村小工业或者惋惜'野蛮人'吗？恰恰相反，只有大工业所造成的、摆脱了一切历史的枷锁、也摆脱了将其束缚在土地上的枷锁并且被一起赶进大城市的无产阶级，才能实现消灭一切阶级剥削和一切阶级统治的伟大社会变革。有自己家园的旧日农村手工织工永远不能做到这一点，他们永远不会产生这种想法，更说不上希望实现这种想法"[38]。恩格斯一步指出，"整个蒲鲁东主义都渗透着一种反动的特性：厌恶工业革命"，他们"希望把全部现代

工业、蒸汽机、纺纱机以及其他一切坏东西统统抛弃，而返回到旧的规规矩矩的手工劳动。哪怕这样做我们会丧失千分之九百九十九的生产力，整个人类注定会陷入极可怕的劳动奴隶状态，饥饿将成为一种常规，那也没什么了不起"，"但有公平常在，哪怕世界毁灭"[39]！很显然，所谓永恒公平，只是蒲鲁东的一种主观臆想，而且这种主观臆想渗透着厌恶工业革命的反动特性。

其次，在揭露了永恒公平的实质之后，恩格斯深刻指出，"而这个公平则始终只是现存经济关系的或者反映其保守方面，或者反映其革命方面的观念化的神圣化的表现"。因此，不同的时代、不同的经济关系就会产生不同的公平观。"希腊人和罗马人的公平认为奴隶制度是公平的；1789年资产者的公平要求废除封建制度，因为据说它不公平。在普鲁士的容克看来，甚至可怜的行政区域条例也是对永恒公平的破坏"[40]。可见，在社会历史发展的不同阶段，社会经济结构、经济关系不同，就会有不同的公平观念。古希腊、古罗马人认为奴隶制度是公平的，但是，随着生产力的发展，资本主义经济关系逐渐形成并占据统治地位，新的经济关系必然会产生新的公平观念，于是就产生了资产阶级的公平观。在资产阶级看来，资本主义的公平才是唯一正确的公平观。马克思在《哥达纲领批判》中论说到资本主义分配方式时指出："难道它事实上不是在现今的生产方式基础上唯一'公平的'分配吗？"[41]显然，在马克思看来，所谓公平的分配就是与现存经济关系相一致、相适应的分配。

再次，恩格斯在《反杜林论》中批判了杜林先生浅薄而拙劣的平等观念之后，也系统地阐述了平等观念是历史的产物的观点。恩格斯指出，平等的观念"本身都是一种历史的产物，这一观念的形成，需要一定的历史条件，而这种历史条件本身又以长期的以往的历史为前提"。恩格斯接着讲到，"从中世纪的等级观念转变为现代的阶级的时候起，资产阶级就由它的影子即无产阶级不可避免地一直伴随着"。无产阶级的要求"起初采取宗教的形式，借助于原始基督教，以后就以资产阶级的平等论本身为依据了。无产阶级抓住了资产阶级的话柄：平等应当不仅是表面的，不仅在国家的领域中实行，它还应当是实际的，还应当在社会的、经济的领域中实行"。恩格斯在详细论述了不同历史时期产生不同的平等观念的历史条件之后，得出结论："可见，平等的观念，无论以资产阶级的形式出现，还是以无产阶级的形式出现，本身都是一种历史的产物"[42]。

最后，由于公平观是历史的产物，是对现存经济关系的反映，所以，处在不同历史时代、不同经济关系中不同地位的不同阶级，就有不同的公平观。恩格斯说："关于永恒公平的观念不仅因时因地而变，甚至也因人而异，这种东西正如米尔柏格所说过的那样，'一个人有一个人的理解'。"奴隶主认为剥削和占有奴隶是公平的，封建主认为剥夺农奴是天经地义的，资产阶级的公平观是建立在商品经济自由贸易基础上的，等价交换是形式上的平等掩盖着的事实上的不平等，而无产阶级提出的平等要求有双重意义。"或者它是对明显的社会不平等对富人和穷人之间、主人和奴隶之间、骄奢淫逸者和饥饿者之间的对立的自发反应"，"或者它是从对资产阶级平等要求的反应中产生的，它从这种平等要求中吸取了或多或少正当的、可以进一步发展的要求，成了用资本家本身的主张发动工人起来反对资本家的鼓动手段"。"在上述两种情况下，无产阶级平等要求的实际内容都是消灭阶级的要求"。"任何超出这个范围的平等要求，都必然要流于荒谬"[43]。不同时代、不同阶级有不同的平等要求和平等观念。

如何判断分配公平，马克思在批判拉萨尔的"公平的分配"时指出，"消费资料的任何一种分配，都不过是生产条件本身分配的结果；而生产条件的分配则表现生产方式本身的性质。例如，资本主义生产方式的基础是：生产的物质条件以资本和地产的形式掌握在非劳动者手中，而人民大众所有的只是生产的人身条件，即劳动力。既然生产要素是这样分配的，那么自然就产生现在这样的消费资料的分配"[44]。也就是说，是资本主义生产方式决定了资本主义的分配方式，即资本家占有生产资料，从而可以自己不劳动却占有劳动果实，工人却只能靠出卖劳动力维持生计。马克思进一步指出："如果生产的物质条件是劳动者自己的集体财产，那么同样要产生一种和现在不同的消费资料的分配。"这就是马克思描述的，未来以生产资料公有制为基础的社会中实行的按劳分配和按需分配的分配方式。一定社会的分配总是同这个社会的物质生产条件相联系的。这就进一步从分配公平的角度阐明了公平观是一定经济关系的反映的观点。

恩格斯在阐明分配与一定生产方式的关系之后，进一步指出，不能仅仅从道义上去判断公平，"这种道义上的愤怒，无论多么入情入理，经济科学总不把它看作证据，而只看作象征"[45]。"所以无论如何，在考察财富的分配时，我们最好还是遵循现实的客观的经济规律，而不要遵循杜林先生关于正义和非正义的一时的、易变的主观想象"。如果我们只是一味地追求这种意义上的正义，那么会造成什么样的结果呢？恩格斯说："如果我们对现代劳动产品分配方式（它造成赤贫和豪富、饥饿和穷奢极欲的尖锐对立）的日益逼近的变革所抱的信心，只是基于一种意识，即认为这种分配方式是非正义的，而正义总有一天一定要胜利，那就糟了，我们就得长久等待下去。"[46]恩格斯还指出，中世纪的神秘主义者，就已经意识到了阶级对立的非正义性。在世界近代史开始的时候，托马斯·闵采尔（Thomas Münzer，1489—1525）就已经向全世界大声宣布过这一点。在英国和法国的资产阶级革命中，也发生过同样的呼声，可是后来就消失了。可见，仅仅从道义上去评判公平与否，谴责不公平现象，呼吁公平和正义，是无济于事的，必须要研究一定的公平观所反映的经济关系及客观的经济规律。

（2）平等就是要消灭阶级差别。马克思在《哲学的贫困》中批判了蒲鲁东的改良主义思想和形而上学的方法。蒲鲁东等所谓的社会天才把平等当成是"原始的意向、神秘的趋势、天命的目的",平等成了他们最高的假设,然后再根据这个假设,"肯定平等的就是每个经济关系的好的方面,否定平等的和肯定不平等的就是坏的方面"。马克思指出:"平等是蒲鲁东先生的理想。他以为分工、信用、工厂,一句话,一切经济关系都仅仅是为了平等的利益才被发明的,但是结果它们往往背离平等。""历史和蒲鲁东先生的臆测步步发生矛盾",这种矛盾"只存在于他的固定观念和现实运动之间"。马克思还尖锐地批驳道,"平等趋势是我们这个世纪所特有的。认为以往各世纪及其完全不同的需求,生产资料等等都是为实现平等而遵照天命行事,这首先就是用我们这个世纪的人和生产资料来代替过去各个世纪的人和生产资料,否认后一代人改变前一代人所获得的成果的历史运动。经济学家们很清楚,同是一件东西对甲说来是成品,对乙说来只是从事新的生产的原料"[47]。显然,在马克思看来,"平等"不应当是一种主观臆想,人们不是为了平等才发明了一切经济关系,相反,是经济关系的发展才产生了平等观念。

在《哥达纲领批判》中,马克思进一步表明了他的"平等"观点。他在批判拉萨尔的"公平的分配"观,论述未来共产主义社会第一阶段的分配原则时指出,在未来社会,"消费资料在各个生产者中间的分配,通行的是商品等价物的交换中通行的同一原则,即一种形式的一定量的劳动同另一种形式的同量劳动相交换"。这种原则虽然是一种进步,但"这种平等的权利,对不同等的劳动来说是不平等的权利",并深刻指出,"这些弊端,在经过长久阵痛刚刚从资本主义社会产生出来的共产主义社会第一阶段,是不可避免的。""权利决不能超出社会的经济结构以及由经济结构制约的文化的发展"[48]。马克思还明确指出,"'消除一切社会的和政治的不平等'这一不明确的语句,应当改成:随着阶级差别的消灭,一切由这些差别产生的社会的和政治的不平等也自行消失"[48]。由此可见,马克思在这里已经明确指出,平等观念是经济关系的产物,因此,只有消灭阶级差别,才能实现真正意义上的平等。

马克思、恩格斯的公平思想和观点,虽然是一个半世纪以前的历史的产物,我们不能照搬,但是,他们研究公平问题的基本立场和历史唯物主义的基本原则对我们今天研究现实的公平问题,仍然具有重要的指导意义。在马克思、恩格斯看来,一定的公平观总是一定经济关系的反映,所谓公平的分配,就是与现存经济关系相一致、相适应的分配。因此,我们今天确立社会主义市场经济条件下的科学公平观,必须符合社会主义的本质要求,必须与社会主义市场经济相适应。

在当前,我们既要反对导致两极分化的公平观,也要反对和警惕回到平均主义公平观的老路上去。两极分化与社会主义本质、与公平的实质内涵相违背,它不是也不可能是中国改革开放和社会主义建设的出发点和归宿。但是，我们也应该清醒地认识到，平均主义同样是社会主义的大敌。由于平均主义公平观在中国有着深刻的文化、思想渊源，并且至今仍然有着广泛而深厚的社会基础、思想基础，因此，我们在高度重视解决贫富差距扩大问题的同时，也必须高度警惕平均主义公平观的回潮。我们应像马克思、恩格斯那样用历史的眼光看待现实的公平问题，不能仅仅从道义上去评判公平与否。当前，中国社会成员之间收入差距扩大的问题已经成为人们十分关注的热门话题。部分学者出于对现实问题的强烈忧思和对弱势群体的伦理关照，呼吁社会加大公平力度，给弱势群体以更多的关注，这当然是无可厚非的。但是，作为一位马克思主义者，不仅应该在道义上始终站在人民大众一边，谴责那些不公平现象，还应该更多地把社会公平问题放到一定历史条件中去考察，研究一定的公平观所反映的经济关系是否适应生产力发展的需要，是否符合社会发展客观规律所提出的要求。在当前，要像马克思、恩格斯当年评价资本主义那样，运用历史唯物主义方法、原则去分析研究问题。要深入分析研究收入差距扩大的原因，哪些是具有必然性、合理性的原因，哪些是政策、法规不完善的原因，哪些是政策、法规执行不到位、不得力的原因，还有哪些是应该随着社会主义事业的不断发展逐步解决的原因，等等。只有这样才能在全社会逐步形成科学的公平观，从而为建设社会主义和谐社会和夺取全面建设小康社会新胜利提供思想和价值认同方面的保障。

2. 中国公平观的历史发展

在中国社会历史进程中，公平问题向来备受关注。但因为时代条件、社会制度和价值观念的不同，人们对"公平"所持有的思想主张和价值指向，与西方社会及当今中国社会上的观点有着很大差异。

中国是世界四大文明古国之一，有着数千年的悠久历史与灿烂的文化，对公平的研究可以追溯至先秦。先秦时期，虽然人们对什么是公平、怎样才能够拥有社会的公平，并没有清晰的认识，但那时已经有了公平的意识，这种感性的认识只是表明了一种社会要求和倾向，这种要求和倾向是进步的前提。例如，《荀子·正名篇》曰："正利而为谓之事，正义而为谓之行。"汉朝班固的《白虎通义》说："公之为言，公正无私也。"在此，他们都强调为人行事要正当、正直、无所偏倚，包含了对"正义""公平"的一定程度的解释。而在现实生活中，人们则从未停止过对公平、正义的思想探索和目标追求，只不过这种"公平"的精神内涵和表现形式与西方不同，在长期的历史过程中，它是以强烈的平均主义价值诉求来体现的。而这种源自小农经济的平均主义的公平观，对中国社会的历史和现实都产生了很大影响。

首先，从古代思想家的言论中我们可以发现其蕴涵的平均思想。老子认为，对于"小国寡民"而言，其"至治之极"是"民各甘其食，美其服，安其居，乐其俗。邻国相望，鸡犬之声相闻，民至老死，不相往来"[49]。在此，表达了他对人人共享太平生活的大同社会的憧憬。而孔子则更为明确地强调"有国有家者，不患寡而患不均，不患贫而患不安"（《论语·季氏第十六》），表现出他对平均的关注和对不均的忧虑。近代以后，比较突出地论及平均思想的代表人物主要是康有为，他在《大同书》中对理想社会做了较为系统充分的描述，并指出"大同之世，天下为公，无有阶级，一切平等"（《大同书·公工》），显示出他更进一步的平均主义思想。

值得关注的是，在中国历史进程中，上述种种平均主义思想，往往是通过风起云涌的农民起义和社会运动呈现出来的。从秦末陈胜、吴广起义中喊出的"王侯将相，宁有种乎"，到清朝后期爆发的太平天国农民革命，再到清末民初孙中山领导的资产阶级民主革命所提出的"平均地权""天下为公"的主张，或是朦胧意识，或是明确口号，以至于订立了一定的纲领和制度，在历次社会革命中，几乎都能看到人民群众对平均生活的追求和向往。应当肯定的是平均主义的价值诉求及作为其实践载体的社会革命，有其产生的历史必然性，也有它不可否认的积极意义。但我们更要清醒地看到，虽然在阶级压迫深重的封建宗法等级社会里，平均主义有其合理性和进步性，但当中国社会已经摆脱封建私有制进入生产资料公有制的社会主义社会时，倘若我们还高举着平均主义的大旗，就不仅不再有其合理意义，而且还会产生极大的负面作用。

然而，历史惯性的力量是巨大的。在中国这样一个小农经济基础特别深厚的农业大国里，平均主义的思想意识难以遏制，这在新中国成立后的数十年里得到了印证。尽管在新中国成立前期，毛泽东曾经以马克思主义者的眼光清醒地指出："我们赞助农民平分土地的要求，是为了便于发动广大的农民群众迅速地消灭封建地主阶级的土地所有制度，并非提倡绝对的平均主义。谁要是提倡绝对的平均主义那就是错误的。现在农村中流行的一种破坏工商业、在分配土地上主张绝对平均主义的思想，它的性质是反动的、落后的、倒退的"[50]。

反思历史上的平均主义，我们可以获得两方面的重要启示。

（1）"平均"无法实现真正的"平等"和"公平"。有学者指出："平等观念、平均思想，是农民在酝酿革命时的思想酵母。如果没有最起码的平等思想，就不会有农民战争。"[51]确实，平均主义的思想观念及大同社会的目标追求，都源自于对不平等的痛恨和对平等的向往，所以，"平均"与"平等"犹如"双胞胎"，是密切相关的两个问题，然而，平均与平等的精神实质和现实意义却相差甚远。对二者之间根本差别的认识和把握，是我们在确立现代公平观时必须特别注意的。因为理解上的差异，会导致两种截然不同的社会追求。

"平等"（equality）意为公平、均衡、等同、均等。由于认知上的差异，人们对它的理论诠释和实践运用差异很大，主要表现为两种基本路径。一是从它的本真意义上说，强调人生而具有的同等地位和权利。正如《世界人权宣言》所言："人人生而自由，在尊严和权利上一律平等。"它重视的是人们在社会政治、经济生活中基本权利和义务上的平等性，而这也是现代公平观所倡导的首要理念。二是从平等的引申意义上说，强调个体在一切方面的同等性，包括权利与机会、过程和结果、起点到终点……具有明显的平均主义倾向。在中国传统思想中，对于人与人之间的平等要求，主要就是从这种平均（或均平）的意义上去理解的。在此意义上的"平等"，不仅无法实现反而会导致社会的混乱无序。

（2）平均主义不是解决社会分配问题的良方。人们在对与小农经济紧密相关的封建等级制度及其所造成的不平等深恶痛绝的同时，又追求一种反其道而行之的平均主义，以致绝对平均主义，这在情感上是可以理解的，但实际上却行不通。平均主义不可行的主要原因是：在低下的生产力状况下，社会根本无法提供足够的财富来满足全体民众一律化的平均需求，倘若要平均也只能是"共同贫穷"；而即使是生产力高度发达、财富充分涌流之时，面对社会中需求不一的众多人口，也难以实现绝对意义上的平均分配。因此，企求实现全体大众完全同一的平均主义，永远只能是乌托邦式的理想。

近代以来，中国人民备受帝国主义列强的欺压和凌辱，社会的主要矛盾是民族间的外部矛盾，人们追求的是一种民族间平等与公平，"驱除鞑虏，恢复中华"是一切平等的基础。新兴的民族资产阶级在帝国主义和本国封建主义的双重压迫下艰难地成长，他们也更多地主张西方资产阶级所提出的"人人平等"的思想。

新中国成立后，中国进行了社会主义改造，确立了社会主义制度，毛泽东同志对公平做了新的解释。他的公平思想包括了六个方面的内容：一是主张人民应当具有基本的权利；人民的权利相当广泛，包括生存权、劳动权、"人权"、"财权及言论、出版、集会、结社、信仰、居住、迁徙之自由权"和"休息权……教育权、老病保养权"等[52]。二是主张一个国家应当具有独立、自主、平等的权利；"我们中华民族是不自由不平等的，受到帝国主义的束缚和压迫……我们中华民族，中国人民，就要打碎帝国主义与封建势力的压迫，为争取民族和人民的自由平等而奋斗"[53]。三是力主性别平等，妇女解放；"这种歧视，是社会的歧视，而不是两性间的问题；这种压迫是社会的压迫，也不是两性间的问题。……妇女要同男子一样，有自由、有平等[54]。"四是主张代际的公平；五是主张大众教育；六是反对两极分化和平均主义；"反对平均主义，是正确的；反过头了，会发生个人主义。过分悬殊也是不对的。我们的提法是既反对平均主义，也反对过分悬殊"[55]。

毫无疑问，毛泽东的公平思想对当时的中国社会产生了重要的影响，留下了许多值得后人借鉴的经验和教训。这种影响分为积极的和消极的两个方面。

（1）毛泽东公平思想当中的有价值者成为毛泽东思想体系的一个有机组成部分。作为中国共产党人，毛泽东第一次比较系统地阐述了具有现代意义的公平的原则及基本内容。在这之前，中国共产党内尚没有人对公平问题做出系统的阐述，就是与毛泽东同时代的其他中国共产党人也没有像毛泽东那样对于公平问题给予较为详尽的归纳。可以这样说，毛泽东的公平思想是中国共产党人开始具有现代意义上的公平理论的标志。以后邓小平理论当中公平思想的源头也是毛泽东的公平思想，是在汲取毛泽东公平思想当中有价值者的基础之上进行的新的发展和再创造。

毛泽东的公平思想有着巨大的历史意义。毛泽东有关人民基本权利的思想，鼓舞中国人民为从根本上消灭封建的剥削与压迫而奋斗，并取得了巨大的成功；毛泽东关于国家平等的思想，对中国人民争取民族独立起了不可替代的作用，就是对现在中国国家主权的维护和民族尊严的捍卫及自力更生基调的延续都有极为重要的现实意义；毛泽东有关性别平等、妇女解放的思想在中国的实践获得了巨大的成功，这不仅仅是真正人道主义的体现，是平等、自由理念在现实社会中的实现，同时也是对中国人力资源的巨大开发；毛泽东有关大众教育的思想在当时确实促进了大众教育的长足发展，进而提升了整个民族的文化素质，并为中国整个教育事业的协调发展乃至为今天中国社会经济的全面发展都奠定了一个比较踏实的基础；毛泽东有关代际平等的思想对于解除几千年来中国青年人所受到的不公平的压抑，对于鼓励年轻的人才脱颖而出，对于提升社会的活力，均有积极的影响；毛泽东有关反对两极分化的思想对于改革开放以来的中国社会如何建立一个不但是发达的而且是健康的社会，对于确立以人为本位的社会发展宗旨有着重要的指导意义；毛泽东有关反对绝对平均主义的思想为今天的中国社会清除平均主义的病疾提供了依据和有价值的借鉴。

（2）还需要看到的是毛泽东公平思想不足之处的消极影响。就公平理论本身而言，毛泽东的公平思想也给我们留下了许多教训，其中可能最为重要的教训是现代公平理论应当建立在现代化进程和社会主义市场经济的基础之上，否则，就难免否认个体人的存在，否认个体人对于整个社会的巨大价值。而一旦否认了个体人的意义，那么，现代意义上的平等、自由、社会合作等也就无从谈起了。显然，这样做会使公平理论缺乏一个最基本的逻辑原点，进而使公平理论难以充分地建构起来，使公平理论难以具备真正的现代意义。

改革开放以来，随着中国社会主义市场经济的建立和现代化建设的推进，不同群体间出现了利益分化，人们的收入差距迅速拉大，公平问题在新时期再次成为人们关注的焦点。不少人集中对公平的内涵、层次、公平与效率的关系等方面进行了许多有价值的讨论。

邓小平基于马克思主义的基本观点，将公平视为社会主义本质性的问题，认为公平包括四个方面的内容：第一，共同富裕。第二，反对封建特权，主张人人平等。第三，对于按劳分配原则的阐述。在按贡献分配的问题上，邓小平着重对按劳分配的原则进行了论述。首先，邓小平对在中国实行了多年的、同计划经济体制相适应的平均主义的分配方式进行了批判。他指出："搞平均主义，吃'大锅饭'，人民生活永远改善不了，积极性永远调动不起来。我们现在采取的措施，都是为社会主义发展生产力服务的"[56]。"过去搞平均主义，吃'大锅饭'，实际上是共同落后，共同贫穷，我们就是吃了这个亏。改革首先要打破平均主义，打破'大锅饭'，现在看来这个路子是对的"[57]。其次，社会成员的收入之间应当有合理的差距，"农村、城市都要允许一部分人先富裕起来，勤劳致富是正当的。一部分人先富裕起来，一部分地区先富裕起来，是大家都拥护的新办法，新办法比老办法好"[58]。最后，收入分配的原则应当是按劳分配。邓小平认为，"我们一定要坚持按劳分配的社会主义原则。按劳分配就是按劳动的数量和质量进行分配。根据这个原则，评定职工工资级别时，主要是看他的劳动好坏、技术高低、贡献大小。……总之，只能是按劳，不能是按政，也不能是按资格"[59]。"我们提倡按劳分配，对有特别贡献的个人和单位给予精神奖励和物质奖励；也提倡一部分人和一部分地方由于多劳多得先富裕起来。这是坚定不移的"[60]。但最终目的是实现共同富裕。第四，重视一次分配后的再调剂，防止两极分化。邓小平关于公平问题四个方面的论述是一个有机整体，不可分割。关于共同富裕的论述旨在为整个社会公平的建构确立一种基本的取向，并为公平的其他原则奠定最基础的条件；关于反对封建特权、主张人人平等的论述旨在维护社会成员平等、自由发展的基本权利，从而实现机会公平；关于按劳分配原则的论述旨在承认每一个劳动者各自对社会不同的具体贡献，激发社会的活力；关于一次分配后的再调剂、防止两极分化的论述旨在增进社会合作、提升社会发展的质量[61]。这些构成了邓小平公平观的基本内容。显然，邓小平有关公平的思想是在现代化建设、社会主义市场经济条件下的社会主义公平理论，是建设中国特色社会主义理论的重要组成部分，也是中国现代公平理论开始形成的重要标志。毫无疑问，邓小平的公平观对推动中国的社会主义现代化建设健康、有效开展具有重大的指导作用。

党的十六大以后，时任中共中央总书记的胡锦涛同志提出　"以人为本""统筹兼顾""全面协调"的公平观念，把构建社会主义和谐社会，作为提高党执政能力的一个重要方面进行明确，同时，把公平正义当做社会主义制度的本质要求，指出"维护和实现社会公平和正义，涉及广大人民的根本利益，是我国社会主义制度的本质要求"。突出了维护社会公平的重要意义。

党的十八大以来,以习近平同志为总书记的党中央提出"改革创新社会体制,促进公平正义,增进人民福祉",推动了我们对公平问题认识的不断深化。习总书记在多次会议中均提出:"我们推进改革的根本目的,是要让国家变得更加富强、让社会变得更加公平正义、让人民生活得更加美好。改革是需要我们共同为之奋斗的伟大事业,需要付出艰辛的努力。一分耕耘,一分收获。在改革开放的伟大实践中,我们已经创造了无数辉煌。我坚信,中国人民必将创造出新的辉煌。"同时,他强调:"要把维护社会大局稳定作为基本任务,把促进社会公平正义作为核心价值追求,把保障人民安居乐业作为根本目标,坚持严格执法公正司法,积极深化改革,加强和改进政法工作,维护人民群众切身利益,为实现'两个一百年'奋斗目标、实现中华民族伟大复兴的中国梦提供有力保障。"明确表示要实现社会公平目标,制度的健全是首要保障。

波澜壮阔的改革开放在中国已进行了三十多年,历史性的巨大变化已经在中国社会发生。但随着社会主义市场经济和现代化进程不断向纵深推进,中国社会出现了许多亟待解决的新问题。其中,"公平"直接涉及的问题日益凸显,并影响到经济社会生活的许多方面,如社会贫富差距扩大问题、贫困人口问题、东西部发展不均衡问题、社会保障问题、就业与失业问题、教育医疗问题等,日益为广大民众所关注。但值得欣喜的是,中央正下大决心、花大力气,通过多种途径力图解决目前的一些社会不公平问题,让更多人共享改革的丰硕成果。

2.1.2　公平与效率关系辨析

1. 问题的提出

西方主流经济学家普遍把公平与效率的关系看做是此增彼减的简单对立关系。例如,美国经济学家阿瑟·奥肯认为,公平与效率存在着交替关系,为了效率就要牺牲某些公平,而为了公平就要牺牲某些效率[62]。公平与效率的关系问题作为整个经济学公认的难题之一,其复杂性一般不在效率一方,而主要来自于对公平的解读。事实上,公平和效率在内涵和层次上并不匹配,效率是一个相对简单的经济学概念,学术界对它的理解一般没有多大分歧,而公平却是一个非常复杂抽象的哲学命题,对其认识的角度和评判的依据历来多种多样,几乎遍及政治、经济、法律、伦理等一切人类意识形态领域。如前文所述,在现代经济学的公平与效率问题产生之前,公平作为人类所追求的极为敏感的最高价值取向之一,随着历史的推进,数千年间耗费了无数先哲圣贤的心智甚至牺牲了无数仁人志士的生命,但直到今天它仍是个摆脱不了疑问的、复杂而高深的价值判断问题。

公平由于本身所具有的抽象性、高度概括性、历史性及个体认知的差异，其含义向来不是一个非常明确的概念，不仅在主观上存在多角度多层次的思维趋向，在客观上也很难得出确定的参照标准。正如西方经济学家所言，定义公平很难，定义不公平却很容易。尽管在现代经济学对公平和效率的研究中，通常将公平置于收入分配这个平台，把公平和效率锁定在经济学范畴，但这种表面的锁定并不能让公平问题变得简单，因为收入分配问题绝不可能仅仅涉及收入本身这个具有数量经济意义的表象，其历史背景和形成机制才是问题的核心，而这无疑会将问题引入更深层次和更广领域的公平判断中去。但是，经济学将公平问题限定在收入分配这个层面，虽不可能割断各种影响因素的复杂关联，却至少可以在逻辑上简化对公平问题分析研究的切入点，使公平问题在经济学学理上与效率问题能够脉络清晰地联系起来，从而形成众所周知的公平与效率相提并论的特定语境。这就产生了一个值得深入研究的问题，即公平与效率到底是一种什么关系？

2. 公平具有客观性、历史性和相对性的范畴

人类的任何活动均有人与人之间的公平问题。否认公平具有客观性、历史性和相对性。中外有的论著把公平纯粹视为心理现象，否认其客观属性和客观标准，这是含有唯心主义分析方法的思维表现。虽然在人类的所有现实操作性活动和行为中，都会产生感觉、认知、审美等心理活动，并在一定程度上受各种心理因素和伦理观的支配，但无论是财富、收入分配、财产占有，还是就业、税收、投资等，人们在客观经济活动和经济调控过程中，总是具有一种比较客观的、为该时代所公认的公平标准，至于在一定时点上所推行的经济法律、经济政策和经济规则是否完全合乎公平内生的客观标准，则是另一回事。

也有论著把公平视为一般的永恒范畴，公平在不同的经济制度和历史发展阶段有特定的内涵，这是含有历史唯心论分析方法的思维表现。公平具有历史性，在不同的历史发展时期、不同的社会经济制度和不同的历史文化传统下，人们对公平的认识和看法必然是不同的，世界上不可能存在一个永恒的可以放之四海而皆准的公平观。还有的论者把公平视为无需前提的绝对概念，否认"公平"与"不公平"之间的辩证关系，这是含形而上学分析方法的思想表现。以按资分配为例，在传统的公有制体制条件下，它是不可能存在的，也是不公平的；而在初级社会主义市场经济体制的条件下，从市场等价交换的意义和促进经济发展上看，它又是公平或合理的。

3. 效率的内涵

人类的任何活动也都有效率问题。西方学界就经济效率的认识基本一致，认为其是资源配置的效率，以帕累托效率（Pareto efficiency）为代表。经济效率是

指经济资源的配置和产出状态。对于一个企业或社会来说，最高效率意味着资源配置状态使特定范围内的需要得到最大满足，或福利得到最大增进，或财富得到最大增加。但是，从系统论的角度来看，经济效率不仅意味着资源处于最优配置状态，还必然涉及整个社会的生产、分配、交换和消费各个领域，涉及生产力、生产关系和经济体制各个方面，是一个系统的集合。

4. 对公平与效率关系的辨析

总的来看，西方经济学家解决公平与效率问题，常常是建立在抽象普遍的人性、人类自然状态、人类固有的人权等脱离具体实际的假设基础之上。这样抽象的论证过于空泛，而得不出令人信服的结论，以致争论多年没有定论。

实际上，我们有必要对公平与效率问题进行再研究并诠释。我们对公平的理解已经由生产分配领域经过讨论扩展到社会领域，但对效率的理解实际上一直拘泥于"生产"的效率，但在经济学上它应有更为广泛的含义。"经济"一词在中国的本意是"经世济民"。如果仅仅谈生产的效率，我们不妨把它称为"生产技术学"和"生产管理学"，因此，我们应将效率与公平问题放在经济活动的全过程——生产、分配、交换、消费来理解。我们强调生产的效率，因为它是后续环节的基础，可反过来，是不是只要生产出来的产品都能顺利地进入消费环节呢？其实未必。我们人类社会生产的终极目的是提高人们的生活水平和福利水平。如果一些产品因为分配问题而最终不能进入消费环节，不能达到提高人们的生活水平和福利水平的目的，则整体的社会经济效率必然大打折扣。因此，笔者认为经济效率应该着眼于整体社会经济活动的全过程，力争最终的社会经济效率达到最高，这才是有效率。由此可以看到，分配的公平与效率的实现是相互联系相互制约的。如果生产极富效率，但分配极不公平（两极分化），则必然出现社会普遍缺乏购买力、消费需求不足现象，使大量产品无法实现价值的转换，最终导致社会经济的无效率。另外，如果分配极为平均，挫伤了生产者投资和劳动的内在动力，结果不能生产出充分的产品和服务以供消费，最终也会导致社会经济总体的无效率。因此，我们得出这样一个结论：在社会经济方面，效率与公平的关系并不是如西方主流经济学家所认识的那样，是此增彼减、不可兼得的简单对立关系，而应当是对立统一的辩证关系。

5. 公平、效率问题与人类社会的发展

自从进入奴隶社会后，人类社会总体上没能以其潜在的发展速度发展，其原因很多，但一个普遍恒久的因素就是未能解决好公平与效率问题。在奴隶社会和封建社会，统治阶级残酷剥削奴隶和农奴，造成两极分化，奴隶和农奴生活条件恶化，身体和心灵受到双重摧残，既降低了他们的劳动能力，也降低了劳动积极

性，生产效果不会好；另外，奴隶主、地主及统治者拥有社会的绝大多数财富，他们除了进行有限的扩大再生产外，其余财富或者用来建造豪华的宫殿、宏大的陵墓，或者窖藏、挥霍，这都严重阻碍了生产力和经济的发展。其最终的解决途径是奴隶和农奴的一次次暴动起义，每次改朝换代之初，统治者都吸取前车之鉴，注意公平，关心民生，社会出现欣欣向荣的景象。但好景不长，私有制又一次导致弱肉强食的结果，出现财富分配的"马太效应"，很快又走向两极分化，引起下一轮的社会动乱。冷兵器时代，历史的车轮就是以这种血的方式来冲破阻碍社会进步的障碍而前进的。

　　人类社会进入资本主义社会后，资本家把绝大多数的财富投入到再生产中，这本应该有利于经济发展，然而，由于私有制的作用，依然出现两极分化。进入热兵器时代，民间起义已经很难撼动统治政权了，两极分化阻碍经济社会发展的规律有了另一种表现——经济危机。纵观世界经济发展史，曾有一个时期较好地解决了经济危机问题，即1950~1973年的"黄金时代"。在这一时期，世界经济增长表现最好，地区生产总值年均复合增长率达到4.91%，而最贫穷和最富有地区之间的人均收入差距则从15∶1下降到13∶1，如表2.1和表2.2所示[63]。

表2.1　1000~1998年世界和主要地区人均地区生产总值、
人口和地区生产总值增长率（年均复合增长率）（单位：%）

年份	1000~1500	1500~1820	1820~1870	1870~1913	1913~1950	1950~1973	1973~1998
人均地区生产总值							
西欧	0.13	0.15	0.95	1.32	0.76	4.08	1.78
西方衍生国	0.00	0.34	1.42	1.81	1.55	2.44	1.94
日本	0.03	0.09	0.19	1.48	0.89	8.05	2.34
亚洲（不含日本）	0.05	0.00	−0.11	0.38	−0.02	2.92	3.54
拉丁美洲	0.01	0.15	0.10	1.81	1.42	2.52	0.99
东欧和俄国	0.04	0.10	0.64	1.15	1.50	3.49	−1.10
非洲	−0.01	0.01	0.12	0.64	1.02	2.07	0.01
世界	0.05	0.05	0.53	1.30	0.91	2.93	1.33
人口							
西欧	0.16	0.26	0.69	0.77	0.42	0.70	0.32
西方衍生国	0.07	0.43	2.87	2.07	1.25	1.55	1.02
日本	0.14	0.22	0.21	0.95	1.31	1.15	0.61
亚洲（不含日本）	0.09	0.29	0.15	0.55	0.92	2.19	1.86
拉丁美洲	0.09	0.06	1.27	1.64	1.97	2.73	2.01
东欧和俄国	0.16	0.34	0.87	1.21	0.34	1.31	0.54

续表

年份	1000~1500	1500~1820	1820~1870	1870~1913	1913~1950	1950~1973	1973~1998
非洲	0.07	0.15	0.40	0.75	1.65	2.33	2.73
世界	0.10	0.27	0.40	0.80	0.93	1.92	1.66
地区生产总值							
西欧	0.30	0.41	1.65	2.10	1.19	4.81	2.11
西方衍生国	0.07	0.78	4.33	3.92	2.81	4.03	2.98
日本	0.18	0.31	0.41	2.44	2.21	9.29	2.97
亚洲（不含日本）	0.13	0.29	0.03	0.94	0.90	5.18	5.46
拉丁美洲	0.09	0.21	1.37	3.48	3.43	5.33	3.02
东欧和俄国	0.20	0.44	1.52	2.37	1.84	4.84	−0.56
非洲	0.06	0.16	0.52	1.40	2.69	4.45	2.74
世界	0.15	0.32	0.93	2.11	1.85	4.91	3.01

注：俄国主要指的是历史上的俄罗斯帝国和今天的俄罗斯联邦，也指社会主义的苏俄和苏联

表2.2 1000~1998年人均地区生产总值水平和地区间差距（单位：1990年国际元）

年份	1000	1500	1820	1870	1913	1950	1973	1998
西欧	400	774	1 232	1 974	3 473	4 594	11 534	17 921
西方衍生国	400	400	1 201	2 431	5 257	9 288	16 172	26 146
日本	425	500	669	737	1 387	1 926	11 439	20 413
亚洲（不含日本）	450	572	575	543	640	635	1 231	2 936
拉丁美洲	400	416	665	698	1 511	2 554	4 531	5 795
东欧和俄国	400	483	667	917	1 501	2 601	5 729	4 354
非洲	416	400	418	444	585	852	1 365	1 368
世界	435	565	667	867	1 510	2 114	4 104	5 709
最大地区间差距	1.1 : 1	2 : 1	3 : 1	5 : 1	9 : 1	15 : 1	13 : 1	19 : 1

注：俄国主要指的是历史上的俄罗斯帝国和今天的俄罗斯联邦，也指社会主义的苏俄和苏联

从表2.1中可以看出，世界经济在1950~1973年比以往任何时候增长都要快。这是一个无与伦比的"黄金时代"[64]。世界人均生产总值每年提高近3%（这个速度意味着每25年翻一倍）。

黄金时代出现的时期恰恰是西方发达国家实施大规模政府干预和建立"福利国家"的时期。在这个时期，西方国家政府推行一系列的保护劳工利益，调节贫富差距的制度和政策。例如，实行最低工资法、限制工时法、社会保障制度和累进所得税制，消除贫民窟，改革教育、医疗、养老和失业救助制度，推行充分就

业、公平分配、社会福利等政策，建立"社会内在稳定器"等促进公平的社会福利措施。这些制度和政策的推行，对增加有效需求，扩大市场容量，调节贫富差距，缓和经济危机和社会矛盾，起到促进作用，刺激了经济的高速增长，使西方国家出现了20年左右的经济社会发展的"黄金时代"。这一"黄金时代"的成就恰恰从实践方面证明了公平与效率之间实际上存在的辩证统一关系。

2.1.3　公平的三分法——起点公平、过程公平和结果公平的辨析

公平问题，自我国开始从计划经济向社会主义市场经济过渡起，就成了学界和民间广泛关注的话题。总体而言，就目前关于公平的争论，若从时序的角度出发来分析公平问题，抽象的公平可以区分为起点的公平、过程的公平和结果的公平三种，这三种公平状态在时间上是顺次发生的，因而具有时序性，我们称为公平的时序。对应这三种公平状态，形成了三种公平观：第一种是起点公平；第二种是过程公平（也称机会公平）；第三种是结果公平。

起点公平论者对起点公平的理解是在不同行为中，主体的起点条件平等。很多起点公平论者惯常给出的一个例子就是：体育比赛中，选手必须从同一起跑线开始。这里的关键是起点公平的具体含义是什么，仅仅是划出一条一致的起跑线，还是说大家在同一条起跑线上的跑步能力的一致？如果是前者，实际上仅仅是形式上的公平，而掩盖了事实上的不公平；如果是后者，那就不仅事实上，而且形式上也是做不到的。笔者认为，单纯强调起点公平，而忽视机会公平和结果公平的做法，或者离开机会公平和结果公平来谈起点公平，不仅不可取，还会将公平的诉求置于不可实现的境地。因为真正的起点是和处于资源稀缺条件约束下的个人能力相关的，如果一项行为具有竞争性和排他性，那么起点必然不可能公平。例如，每个人一出生，就在其天赋、社会给定的条件和所处地理环境等方面区别于他人。就天赋而言，有诸如种族、智力、体力、性别等多方面的差异；就所处地理环境而言，有出生于城市或乡村、内陆或沿海、经济发达或不发达地区的差异。因此，在人生道路的起点上，人与人之间就已存在着不均等。要求起点平等是做不到的。也就是说，彼此之间存在着各种差异的个体，如比尔·盖茨的孩子与索马里难民怀中的婴儿是不可能站在人生道路的同一起跑线上的，而且有可能在后天的发展中，差距越拉越大。就像从某一点引出的互成夹角的两条射线，随着射线的延长，射线之间的距离越来越大。因此，追求起点公平不是一个真正的目标。

机会公平的内容在文字表述上历来不大一致，但各种表述的基本内涵是没有多少实质性差别的，它的真正含义的最好表达也许是法国大革命时的一句话：前

程为人才开放。也就是说，机会公平意味着一切能使个人自主活动能力得到充分发挥并由此取得成就的机会。例如，就业的机会、增加财富的机会、开办企业的机会、对外贸易的机会、受教育的机会、发明创造的机会、出卖劳动力的机会、雇佣劳动力的机会、升迁的机会、参政的机会向每个公民开放。机会公平不承认任何种族、性别、年龄的差别，更不承认那种由血统、门第、宗法关系所决定的封建等级差别和特权，而只承认个人自主活动能力和努力程度方面的差别，即具有同等能力，又付出同等努力的人可以获得同等机会，付出了同等努力，但能力各异的人可以获得不同的机会。更简洁地说，任何其他东西都不决定对一个人开放的机会，只有他的才能决定他能得到的机会。用亚当·斯密的话来说就是："每一个人，在他不违反正义的法律时，都应听其完全自由，让他采用自己的方法，追求自己的利益，以其劳动和资本和其他人或其他阶级相竞争。"[65]而在当时所流行的政策是自由企业、自由经济、自由贸易、自由竞争和自由放任主义。每个人都可以自由做任何生意，从事任何职业，购买任何财产，只需要得到交易对手的同意。

机会公平观念的流行，自由主义经济政策的推行，导致经济效率的极大提高，促进了生产力的迅速发展，也使生产方式发生了巨大的变化。正如马克思在《共产党宣言》中所指出的："资产阶级在它的不到一百年的阶级统治中所创造的生产力，比过去一切世代创造的全部生产力还要多，还要大。自然力的征服，机器的采用，化学在工业和农业中的采用，轮船的行驶，铁路的通行，电报的使用，整个大陆的开垦，河川的通航，仿佛用法术从地下呼唤出的大量人口——过去哪一个世纪能够料想到有这样的生产力潜伏在社会劳动里呢？"[66]机会公平观念首先促进了技术革新和技术革命。18世纪末期和19世纪初期出现的技术革新和技术革命热潮是由许多因素决定的，但其中很重要的一个因素是资本主义的专利权，为所有的人提供了一个同等的机会，它使技术发明者、革新者可以享受由自己的发明创造所带来的财富，在当时掀起一股技术革新、技术发明的热潮，一系列的新技术、新设备都涌现出来。机会公平观念促进了劳动生产率的迅速提高和生产力的高度发展。在自由竞争的制度下，企业与企业之间存在着激烈的竞争，胜败的机会都是相同的，在竞争中要么立于不败之地，要么走向倒闭。这种外在的压力，必然会促使企业想方设法提高产品质量，扩大生产规模，降低个别劳动时间。在工人与工人之间，随着生产资本的增殖，工人之间的竞争在更大程度上加剧起来。这种竞争的结果必然是劳动熟练程度低、劳动技术水平低的工人被淘汰。这两种竞争，都是使劳动生产率提高的直接原因。此外，科学技术的推广和应用，也对劳动生产率的提高起了极大的推动作用。在1770~1840年的70年中，英国工人的每一个工作日的生产率平均提高了20多倍。

机会公平观念起源于生产力和经济关系的发展变化，但这种观念一旦形成，就对生产力、经济关系的发展变化起着强烈的反作用。特别是当社会处在一个变化、动荡的时刻，观念的反作用就更为突出，落后、陈旧的观念不但束缚人们的思想，而且束缚不断发展的生产力；先进的观念不仅能使人们的思想较快地、较好地适应社会的发展变化，跟上时代的步伐，还能释放出被压抑的巨大的生产力能量，但同时也带来了一系列与之对立的副作用，其中最引人注目的就是贫富悬殊的形成和发展。之所以出现这种情况，是因为在资本主义社会，所谓的机会公平事实上是以机会不公平作为前提条件的，资本主义社会的机会公平实际上是资本的机会公平，资产阶级发财致富的机会公平，无产阶级受剥削、受压迫、出卖劳动力的机会公平。至于在资产阶级和无产阶级之间是没有机会公平可言的。当资产阶级在大唱机会公平高调的时候，一方面是资产阶级不仅占有全部生产资料，还"垄断了一切生活资料（在最广泛的意义上讲）"[67]；另一方面，无产阶级则除了自己的劳动力外一无所有，既无生产资料，又无生活资料。"无产者所需要的一切都只能从这个资产阶级（它的垄断是受到国家政权保护的）那里得到的。所以，无产者在法律上和事实上都是资产阶级的奴隶，资产阶级掌握着他们的生死大权"[67]。生产资料占有方面的不公平，又必然导致其他一系列的机会不公平，如受教育机会的不公平、职业选择机会的不公平、收入的不公平等。

机会的不公平，又必然导致了结果的极端不公平。正像亚当·斯密所说的："有大财产的存在，就有大不公平的存在。有一个巨富的人，同时至少必有至少500个穷人。少数人的富裕，是以多数人的贫乏为前提的。"[68]这种"马太效应"引起劳动人民的不满、反抗和斗争，工人运动越来越壮大，工人罢工越来越频繁。这样，资产阶级再也不能照旧统治下去了，要么步向深渊，要么易弦更张。

因此，机会公平存在的大问题正如马克思对市场经济的批判时所说的，表面上的机会公平掩盖着事实上的不公平。

第二次世界大战后，"机会公平"平等观被"结果公平"平等观代替。结果公平是指社会财富和收入上的平等[69]。财富的极度倾斜、贫富的加剧分化使商品需求落后于生产供给成为一种长期趋势，造成了生产的萎缩和经济的衰退。这使西方学者将注意力集中到结果均等上来，提出国家要对完全自由的市场经济进行宏观调控，对社会财富实现再分配，实行一系列诸如教育改革、最低工资法、限制工时法、建立社会保障体系等措施。这在一定程度上起到了缩小贫富差距、促进经济恢复、保证社会稳定的作用。如前文所述，单纯提"机会公平"并不是最合理的，因为它会导致两极分化和贫富悬殊。那么，结果的公平是否比机会的公平更合理呢？也不能这样说。因为所谓"结果公平"，本身就是一个含义不明确的提法。如果结果公平主要指社会财富的相对公平分配，那么什么是相对公平，其标准是什么，不同群体的人的相对公平和公平标准肯定是不同的；如果结果公平主要指社会财富的均等分配，即绝对的平均主义，那么，在现实中这只能是人们的一种不切实际的幻想，平均主义的陷阱运用于实际则必然造成灾难。

以上三种公平观，从狭隘的立场出发都存在缺陷。实际上，这三个方面的公平很难截然割裂开。虽然，从个人角度好像可以分开，起点公平对应教育，过程公平对应公平竞争，结果公平对应分配调节，但是，实际上这样划分是有问题的。要真正做到起点公平，那么，各种人（不管穷人还是富人，有背景的人还是没有背景的人，居住在大城市的人还是居住在穷乡僻壤的人）都享受同样质量同样水平的教育，这可能吗？这不仅涉及教育资源配置的公平问题，还涉及家庭背景问题。家庭背景问题难道不涉及结果公平问题吗？结果公平难道不涉及过程公平问题吗？如果说涉及比较接近三分法的个人问题都是如此，那么，用三分法来研究地区公平和代际公平的问题就更多，甚至多到无法研究。例如，代际公平问题，怎么按照三分法来区分和研究？怎么区分和研究它的起点公平、过程公平和结果公平问题？又如，研究区域税收问题的公平问题时，若税收区际公平的起点不公是自然禀赋差异、经济实力、政府政策差别等造成的，那么改革转移支付制度和税收优惠制度等措施，究竟应该称为税收区际公平的过程公平呢，还是称为对起点不公的纠正？如果仅仅是对起点不公平的纠正，那么税收区际过程公平又应该涵盖哪些内容呢？

因此，笔者认为研究公平问题不能把这三个紧密相关的方面分开来研究，而且事实上也很难分开研究。这三种公平互相衔接，互相影响，互为条件，缺一不可。社会主义的公平是这三个方面的有机统一，缺少其中一项都不是社会主义的公平观。正因为如此，笔者认为把公平问题简单地分开，孤立地、狭隘地研究，本身就存在重大问题，是一种误导。

第 3 章

税收公平观的思考

公平是人类追求的永恒理想。从某种意义上说，历史的前进就是一个人类不断追求公平的过程，而税收公平，则是公平范畴中的重要组成部分。税收公平与否，将直接影响市场的经济公平与社会公平，进而对社会的整体公平乃至社会稳定产生重要影响。由于税收公平涉及社会的价值判断，因此，税收公平也同样是一个十分复杂的问题。本章在分析古今中外税收公平思想或理论发展演变的基础上，对税收公平的内涵进行了理性思考和详尽剖析。

3.1 税收公平观的历史发展

3.1.1 国外税收公平观的历史发展

1. 税收公平原则的提出和早期发展阶段

税收公平原则发端于17 世纪，随着英国资本主义生产方式的出现，中世纪遗留下来的繁重课税和包税制已不能适应资本主义经济发展的需要，于是一些学者试图按照资本主义生产方式的要求来改造税法。最早提出税收公平原则的是古典政治学的创始人和财政学的先驱——英国学者威廉·配第，1676年他在代表作《政治算术》中首次提出"公平""简便""节省"的税收原则。他认为，公平是指税收要对任何人、任何东西无所偏袒，税负不能过重且要适当。此后，德国官方学派代表尤斯蒂发展了威廉·配第的思想，他在1766年出版的《财政学体系》中指出，赋税的根本问题就是在国家征税时要使人民的负担最小，同时提出了"臣民必须纳税""税收课征要平等""税收要无害国家的繁荣与国民的幸福"

等关于赋税的六大原则。18世纪末到19世纪上半叶，正值资本主义迅速成长时期，社会经济发展稳定而迅速，资产阶级在经济上普遍要求自由竞争，反对封建专制王朝的国家干预。英国古典经济学鼻祖亚当·斯密在其经济学名著《国民财富的性质和原因的研究》中系统地阐述了他的"限制国家职能"理论，认为政府仅仅应当是充当维护经济、社会秩序的"守夜人"的"小政府"，应尽可能削减政府支出和税收收入等观点。在税收上他提出著名的赋税四大原则，即平等、确定、便利和经济原则，将税收原则提升到理论高度，明确而系统地加以阐述。他认为平等是指"一国国民，都需在可能范围内，按照各自能力的比例，即按照各自在国家保护下享得的受益的比例，缴纳国赋，维持政府"[70]。亚当·斯密的公平包括四层意思：①取消免税特权，即取消贵族、僧侣的特权，使他们与普通国民同样依法纳税；②税收中立，即税收不改变财富分配的原有比例，不使经济发展受到影响；③按负担能力征税，即按国民各自的纳税能力征税；④按受益比例征税，即按每个国民在国家保护下所得的受益的多少课征。亚当·斯密的公平原则考虑了人民的负担能力和受益大小，成为后世"负担能力说"和"受益说"税制的理论基础。

19世纪后期，资本主义社会各种矛盾激化，贫富两极分化严重。一些西方学者提出，在资本主义经济制度不变的前提下，税收是解决社会问题的最重要的工具。以此为基点，德国社会政策学派的代表人物阿道夫·瓦格纳（A.Wagner）1883年在其代表作《财政学》中提出了税收的四项九端原则即"财政政策原则"、"国民经济原则"、"社会正义原则"和"税务行政原则"。第三项"社会正义原则"又分为两个具体原则：一是普遍原则，即一切有收入的公民都要普遍纳税，但从社会政策观点出发，对劳动所得或收入较少的可给予减免；二是平等原则，即根据纳税能力大小课税，税收负担力求公平合理。瓦格纳主张采用累进税制，对高收入的多征，对低收入的少征，对无收入的不征。

2. 两大税收公平原则的演进

在确定纳税人对政府承担合理税额方面，西方税收学界有受益原则和纳税能力原则两种不同的学说。

1）受益赋税原则的演进

早期的受益原则由以休谟（David Hume）、卢梭为代表的契约论者提出，他们认为税收是社会成员为了得到政府的保护所付出的代价，即纳税行为取决于个人从政府支出中享受到的利益的大小。早期的受益者在个人受益的衡量上存在很大的分歧。霍布斯主张以消费为课税基础；亚当·斯密主张以收入为衡量标准。多数早期受益者，如霍布斯、格劳秀思等主张实行比例税，孟德斯鸠、卢梭等主张实行累进税。

其后，穆勒（John Stuart Mill）1848年在其著作《政治经济学原理》中指出受益原则的三大缺陷，即衡量问题、人际比较问题及忽视初始的收入公平分配问题。他认为公共品具有非排他性，作为政府公益支出的公众集体受益会使人们不支付任何报酬就可以受益，所以利益原则很难作为公平的基本标准得以广泛应用；此外，公共品，如国防、法律、社会公益事业的内在性质决定人们从中获得收益的多少难以确定，若按照受益原则征税，穷人和残疾人是福利支出的最大受益者，对其征收重税显然行不通。穆勒的攻击使受益原则结束了其主流地位。

受益原则的复兴与发展得益于奥意学派的贡献。19世纪80年代，奥意财政学者建立了系统的公共产品理论，其中包括了受益原则的思想。他们将公共支出带来的效益视为边际效用，而边际效用是有价值的，纳税则成为相关的成本。潘塔莱奥尼在《公共支出的分配理论》中指出，政府从个人那里获得资源以提供公共产品，而资源从私人部门向政府的转移是否值得，应将政府预算收支结合起来考察，否则难以判定公共产品所产生的利益，以及其利益的获取是否值得个人以牺牲其他需要的满足为代价。税收是公共支出的资金来源，因此，它代表的是公共支出的成本；而公共支出所带来的边际效用所代表的则是受益。马佐拉指出政府提供的公共产品具有不同于市场上私人产品的共同消费性，全体消费者只能消费同一数量的公共产品，但每个人对公共服务的消费感受是不一样的，每个人消费公共产品获得的边际效用也就不一样，因此，为公共产品支付不一样的税款，符合受益原则。

奥意财政学者解决了受益原则的基本思路问题，其后的瑞典学派提出了受益原则可操作性的方法。维克塞尔（Wicksell）1896年在其出版的《财政理论考察兼论瑞典的税收制度》中提出公共产品的供应必须使个人效用最大化的基本原则，他认为公共产品所给予个人的边际正效用应与个人纳税所损失的则富的边际负效用相等，而分配公平是受益的基本条件，但维克塞尔并未解决如何达到公平的分配状态的问题[71]。林达尔把赋税理解为私人为享受公共产品所支付的价格，他认为，为了实现公平的受益，政府应该分两步实施：一是按照社会的公平准则，通过开征特别税去没收不正当的收入和财产；二是在此基础上确定公共支出与受益的公正对应关系，即按照个人对公共产品的边际效用来确定其纳税份额。

萨缪尔森（Paul Anthony Samuelson）在其《公共支出纯论》（1954年）和《公共支出论图解》（1955年）的论文中，发展完善了林达尔的理论，他假设存在一个全知全能者，知道每个人对公共产品的受益状况，在既定的资源和技术条件下，这个全知全能者决定一组最优解的组合，其中每个解都包含了公共产品和个人产品的产量组合，即个人用于消费的私人产品的份额和消费公共产品所支付纳税份额的组合，通过无差异曲线和效用曲线，来确定公共产品供应的"极乐点"。

布坎南按照利益原则[72]对税率结构进行了严谨全面的分析，他通过对公共产品需求的收入弹性和价格弹性的对比分析得出税率结构是累进、累退还是比例，取决于收入弹性与价格弹性之比是大于1或等于1的结论。当对公共产品需求的收入弹性大于价格弹性时，收入提高导致对公共产品需求量上升或对等量公共产品的评价下降，因此，按照受益原则必须缴纳更高的税款，即累进税；反之，当对公共产品需求的收入弹性小于或等于价格弹性时，则应实行累退税或比例税。

受益原则的缺陷是：①该原则虽然可以解释部分政府通过提供服务（如公路建设等）征收的税收（如汽油税等），但不能完全解释政府所征收的全部税收，尤其是占政府支出极高比重的转移性支出部分所征收的税收；②事实上每个纳税者从政府支出中所得到的受益是很难准确计算的，这里除了每个纳税义务人因对公共服务的需求不同，而受益的感受度不同之外，还有直接受益与成本、间接受益与成本等问题，这些都是难以计量的，所以受益原则在实际生活中也是颇难全面推行的[73]。

由于无法实施受益原则，因此，政府再分配目标的实现，需要引进另一种公平赋税原则——纳税能力原则。

2）纳税能力原则的演进

纳税能力原则是指以纳税人的纳税能力来确定征税及其额度，而根据纳税能力的测定方法可将纳税能力原则分为"主观说"、"客观说"和"经济能力说"。纳税能力原则在古典学说阶段盛行"主观说"。最早提出纳税能力原则的是对受益原则提出质疑的功利主义学者穆勒，他开创了牺牲相等的分析方法，认为在大家为公益做出贡献时，必须做到普遍课征，即税额应公平分配，使每个人的牺牲能够平等。牺牲是指纳税人纳税前后从其财富得到的满足或效用的差量。牺牲相等思想是根据每个人在课税过程中所牺牲的效用或边际效用的多少进行分析的，之后这一思想又发展为绝对均等牺牲、比例均等牺牲和边际均等牺牲。

由于个人效用涉及个人评价问题，所以其衡量比较困难，在现实中缺少可操作性。针对"主观说"的"牺牲"难以衡量的问题，人们又提出"客观说"，其中20世纪30年代塞利格曼提出的客观能力标准最具代表性。他认为能力原则包括两个方面：一是从支出或消费方面计算纳税能力的牺牲说；二是从生产方面计算纳税能力，即享用劳动结果的能力，包括财产、消费、产品、所得等要素。能力原则的发展经历了四个阶段，分别以人丁、财产、消费或产品、所得为标准。现代社会把所得作为赋税基础，既不会影响纳税人的生活，也不会触及营业资本或侵蚀纳税人的财产，而且所得税不易转嫁，因此，最能反映人们真实的纳税能力，对国民经济产生的负面影响也最小。西蒙又提出了支付能力的新标准——经济能力，衡量它的指标是综合所得，不仅包括货币收入，还包括不经交易的非货币收入，它试图将全面核算得到的收入与个人福利状况、支付能力等同起来[74]。此外，卡尔多、米德委员会对消费支出给予了全新的解释，认为个人支付款项最能表明他的支付能力[75]。

随着最优税收理论在七十年代的发展，纳税能力原则又有了新的突破。米尔利斯、戴蒙德[76,77]在《美国经济评论》上发表的《最优税收与公共生产（一）：生产的有效性》和《最优税收与公共生产（二）：税收规则》及米尔利斯的《最优税收理论探讨》这几篇论文奠定了现代最优税收理论的基础。他们对兰姆塞模型做了些改进，从而得出结论：公平与效率都对社会福利的提高产生影响，最优税制的设计应该兼顾公平与效率。最优税收理论旨在解决兼顾公平与效率的问题，致力于设计出折中的税制，使趋向公平的再分配所带来的社会福利极大，而这种再分配产生的效率损失极小。最优税收理论把个人的效用按照不同的权重归总形成社会福利函数，从而把个人不同的劳动力供给情况（工作努力程度）纳入考察范围。这种能力标准考虑了劳动力供给的因素，而纳税人的能力因人而异，它的高低同时决定着个人消费和闲暇的边际效用的大小，由此研究税收对劳动力供给的影响可以同时考察公平与效率的问题。最优税收理论的政策结论包括如下内容：由于低收入家庭的效用在社会福利中的权重最大，所以在税收上应给予优惠。在商品税制设计方面，应对收入边际效应为正的正常品征税，在正常品中，对奢侈品课以重税。在所得税制的优化方面，米尔利斯认为，当个人处于收入的最高级别时，再高的边际税率也不会使税收增加。但如果高收入个人受到几乎为零的边际税率的刺激，就会更少地选择闲暇，从而有可能使税收数额增加，增进社会福利，更有助于公平的实现。

3）新自由主义思潮下西方税收公平原则的重大转变

20世纪70年代初，主要资本主义国家出现了"停滞膨胀"的困境，即高失业和持续通货膨胀共存局面，凯恩斯主义经济学受到批评，以美国的供应学派、货币学派等为代表的新自由主义者①趁机反击。

新自由主义的重要代表人物有弗里德里希·冯·哈耶克（Friedrich August von Hayek，古典自由主义最后一个代言人路德维希·冯·米塞斯的学生）和米尔顿·弗里德曼（Milton Friedman，哈耶克的学生）。哈耶克把当时各主要资本主义国家出现的"停滞膨胀"完全归咎于凯恩斯及其追随者对经济形势的错误诊断和错误处方。他宣称："当前的经济危机也标志着经济学权威的严重

---

① "新自由主义"涉及哲学、社会学、政治学、经济学，乃至法学、伦理学、教育学、心理学等研究领域。就经济学而论，新自由主义的"新"这个词意味着不同于亚当·斯密创始的古典的或20世纪30年代以前的经济自由主义。"新自由主义"实质上是"古典自由主义"经济学说的更新，是它更为极端的翻版。自20世纪70年代以后，特别是在当今经济全球化的进程迅速加快的今天，新自由主义正在世界范围内扩张。

挫折，至少是统治了舆论达一代人之久的凯恩斯时髦学说的妄想早就该破灭，"因此，在恢复合理的经济稳定之前，"我们必须驱除凯恩斯主义梦魇"[78]。简言之，新自由主义就是积极主张推行一套"五个更少"的经济政策，即更少的政府支出、更少的税收、更少的财政赤字、更少的货币扩张、更少的政府干预。20世纪70~80年代，英、美等国竭力推行"新自由主义革命"，西方发达国家相继进行了大规模的税制改革使税制由突出公平转向强调效率。20 世纪80年代以来的税制改革减少累进档次，大幅度降低累进税率，将原来的高累进的个人所得税制变为近乎单一的比例税制。此外，还提高了税收起征点、免征额和标准扣除额，取消了诸多优惠规定等，降低了个人所得税的地位，各项政策都反映出西方各国政府以牺牲公平为代价换取效率的意向。

在新自由主义思潮指导下的税制改革，实质上给税收公平的实现以至社会公平的实现都带来更多障碍，几个实例可以证明。

20世纪80年代，英国撒切尔夫人的税收改革的结果是占人口1%的最富的纳税人获得了所有减税额的29%。这样，一个收入为平均工资一半的人的税额将增加到7%，相反，一个收入为平均工资水平10倍的人的税额将缩减21%[74]。可见，撒切尔夫人的"新自由主义革命"都是为了富人的利益。

1977~1988年，美国里根的新自由主义政策同样是将财富转移到社会上层。例如，20世纪80年代的10年间，美国社会上层10%的家庭的平均家庭收入比原来增长了16%；其中，社会上层5%的家庭收入比原来增长了23%，社会最上层1%的家庭收入则增长了50%。但是那些占人口 80%的社会中下层的人则全都失去了某些东西，而且他们的社会地位越低，他们失去的就越多[79]。

墨西哥曾被高度评价为华盛顿共识所统治的优秀学生并应是其他国家学习的榜样。这个"榜样"也同样是工资水平急剧下降，贫困增加的速度几乎与亿万富翁产生的速度一样快。1995年，墨西哥爆发了最严重的金融危机，出现了60多年来最严重的国民经济全面衰退。

阿根廷是在拉美国家中最忠实地采行新自由主义经济政策的国家。1989年梅内姆政府上台后，提出实行对外开放，建立以自由市场经济为方向的执政方针，虽然这使阿根廷当时的经济形势出现好转迹象，但阿根廷的经济发展却始终未走上顺畅大道，2001年12月甚至爆发了全面的经济、政治和社会危机，最终导致右翼政府下台和反新自由主义经济政策的左翼政府上台。

综上所述，我们可以看到，实行"新自由主义"制度和政策的结果是一国甚至全球范围内的经济、社会的失衡，贫富差距越来越大，社会矛盾越来越多。因此，笔者认为我们确实需要清醒头脑，对建立在新自由主义思想基础上的"市场万能论"和"市场神化说"的宣扬，切勿盲目模拟，谨防陷入"拉美化陷阱"。

市场有其自身的局限性，这是人共知的，因此，市场的运行和效益的发挥必须借助国家的参与或干预。现在国外大多数经济学家都强调指出："国家与市场之间的关系应是协调而非对立，特别是发展中国家或新兴市场经济中，更应处理好国家与市场之间的相互依赖关系，要明确国家的作用对于市场的发展至关重要，那种过分依赖竞争的市场导向的改革可能会瓦解社会主要成员的信任。"[80]

笔者认为，在当前中国构建社会主义和谐社会的大背景下，无论是基于纯粹的伦理理由，还是为了社会的稳定，当进行一国经济调整特别是税收政策调整时，必须处理好公平与效率的关系。因为"自由市场作用并未自动达到本质上的公平，市场出清的工资，毕竟不能救助人民免于饥饿"[80]。

3.1.2　中国税收公平观的历史发展

1. 中国古代税收公平观

中国古代税收公平思想第一阶段是按土地等级或其所处地理条件的不同课不同数额的税，这一思想最早出现在《禹贡》中[81]。《禹贡》是《夏书》中的一篇，主要内容是对大禹治水业绩的记述和当时田赋贡纳的规定，表现了早期奴隶社会的赋税思想。《禹贡》记载的古代地税制度，其主要特点是根据土质肥度及距离帝都的远近、水陆交通、产品种类等因素，将土地分成若干等级，在此基础上确定税负水平。土质优良、所处地理条件优越的土地多纳税；反之少纳税，使税收负担公平合理。后来管仲提出"相地而衰征"[82]，即按土地肥沃程度定赋税轻重的主张，与《禹贡》体现的税收公平思想类似。

按等征赋制度，有利于调节奴隶制国家同承担纳税义务的其他小部落、奴隶主及平民之间的矛盾。如果贡赋负担不平均，负担过重的纳税人和国家统治者之间的矛盾就会激化，这显然不利于统治者地位的巩固和政治的稳定。《禹贡》虽然没有明确提出公平负担的纳税原则，但从中不难看出《禹贡》已经朦胧地认识到公平负担原则对赋税征课的意义，而这些制度对后世影响也极为深远。

第二阶段是按纳税人劳动能力的强弱制定不同的征税等级。西晋占田制已鲜明地体现以劳动能力强弱作为课税标准的思想。在占田制下，劳动力有正丁和次丁之别，正、次丁还有男女之分，其实质性内涵是按劳动能力强弱规定接受土地和负担田税的数量。这一思想在北朝及隋唐的均田制里得到进一步体现，规定上也更为具体，负担税收的数量不仅考虑劳动生产能力的高低，而且考虑使用牛耕的多与少、役用奴婢的多与少等因素。均田制将税收与劳动生产能力和条件更紧密地联系在一起。例如，在按劳动生产能力的高低，分配田亩并承担相应的纳税义务方面，规定男多女少，使用牛耕者多、非牛耕者少，役使奴婢多者多、役使少者少，等等，而且均需以劳动生产能力的存在与否作为纳税的依据。又如，对地主占有土地和纳税的规定，也不像占田制那样笼统地加以官爵高低为标准，而是按实际拥有的奴婢劳动力的人数来分配[83]。这一公平思想较"计田而税"只考虑土地等次、地理位置的征税方法，是历史的进步。但按劳动力强弱确定税收负担的轻重，没有考虑贫富差距，甚至给予地主阶级一些优惠待遇，如地主的奴婢与牛也可以受田，而其纳税标准又低于一般农民[83]。其在思想上是不承认贫富差距的，税收负担仍然是不合理、不公平的。

第三阶段即杨炎"两税法"体现的以占有财产数量为标准课税的税收规定。两税法明确规定"户无主客，以见居为簿；人无丁中，以贫富为差"，即不分丁男、中男，按贫富，即按拥有土地和财产的多少纳税，鳏寡孤独不济者免征。以每户的财产多寡为纳税标准，远比以年龄、性别为标准"计丁而税"更符合按能力负担原则。两税法"唯以资产为宗，不以丁身为本"[84]的计税原则，顺应了唐中期以来土地关系的发展趋势，产生了深远的历史影响。两税之所以作为主要的田赋制度为宋元明清所沿袭，绵延800多年，直到清朝"地丁合一"才终止，其活力就在这里。

但是，杨炎的两税法也有其弊端，主要在于两税法规定各州县应缴纳额以一定总额为标准，层层分摊到每一农户，事实上等于给地方政府乃至下级收税官吏以自由摊派的权力。因为中央摊派到各州县的总额虽有一定，但各地人口户数及每户贫富等级常有变动，这就必须每年调整各户应缴纳的税额。这样，统一而明确的税率被破坏，纳税人不知应纳税额，只好由税吏说了算。

2. 中国近代税收公平观

从1840年鸦片战争开始，中国就从一个主权独立的封建帝国逐渐沦为半殖民地半封建国家。帝国主义列强侵略中国的同时，资本主义生产方式、资产阶级思想也随之传入中国，伴随着向西方学习的热潮，西方资本主义税收观点也为中国思想家所了解和借鉴。

在这个历史时期中，中国税收公平观变化的大趋势是：随着鸦片战争后旧税的加重，一些知识分子重新提出了减轻农民负担的减赋减租的税收公平思想；太平天国起义从农民战争的需要出发提出以平均主义思想为指导的"不要钱粮"[85]和轻赋税[86]的税收公平思想；为镇压太平军而创办的厘金出现以后，围绕厘金的裁撤和改革，出现了裁厘宽商的赋税思想；不平等条约签订之后，实行门户开放政策，这时，关税地位日益重要，并成为帝国主义列强垂涎的目标，掠夺中国海关成为帝国主义列强控制清政府财政的重要手段，因此，争取关税自主和修改关税条约成为资产阶级改良主义者为争取资本主义在我国的发展的重要主张，一些资产阶级改良主义者提倡"中外税收一律"[87]，这不仅在政治上体现了爱国之心，还在理论上体现了税收公平的思想。

自鸦片战争以后，殖民主义列强在把资本主义生产方式带到中国的同时，其近代西方资产阶级财政税收理论也随之在中国广为传播；到了民国时期，中国的税收思想已从以往传统封建思想占统治地位转变为资产阶级税收思想占主导地位，形成系统的近代税收理论。其中，税收公平思想的代表人物及其观点如下。

周学熙[①]在1912年所作的《财政施政方针》一书中较为系统地提出了税收公平原则。他提出，要"公平负担"，一是要扩大税收范围，二是要相应减轻对生产的课征。他主张将征税项目由田赋、契税、牙税、当税、关税及厘金等扩大到"一般之收入"[88]。在他看来，土地税、家屋税、营业税是对生产事业征税，关税、厘金、当税则是对消费品征税，而这些税种已被欧洲各国认为是落后的，因为它们对无财产但有收入者这一部分税源忽略了；这就失去了负担公平的原则。这是中国近代较早地运用公平原则讨论税收问题的见解。周学熙主张学习西方最新的思想，将税源由生产、消费扩大到一般收入，并且使税负普及公平，是合理、进步的。

1927年，马寅初[②]通过对当时现行税制的剖析提出了均富的原则。他认为，中国现行的税制太不公平，具体表现如下：首先是田地税的不公平，即农村的土地需要纳税，而城市的土地不需要纳税。其次是税收普遍存在的不公平，即田地的产出有限却需要纳税，而如公司利润、股票公债利息等资本利得却无需纳税。最后是海关进口税多征于必需品，故多为平民所付。他指出："上述赋税，大都均为平民所付，富人几可称为无税，故其结果，贫富之负担不均。故余认为，改良间接税即所以减轻平民之赋税，增加遗产税、所得税、公司营业税等，以重富人之赋税。此为均富政策之一。"[89]马寅初先生所要达到的革新税制的设想，是切中时弊的，但在实践中是否真正到达预计的目的，则是另外的问题。

民国时期的税收公平思想，从引进西方赋税学说开始，并试图运用其理论解决建立近代税制过程中的问题。这对推进社会进步具有积极的意义。但是，在当时，中国受帝国主义、封建主义、官僚资本主义的压迫或限制，民族资本难以发展，资本主义公平赋税的相关制度没有得到应有的发挥。

3. 新中国成立后中国税收公平观

新中国成立至实施改革开放的30年间，中国税收主要起保证财政收入的作用和充当限制、改造私有经济的工具。与此相适应，在公平上确立了"区别对待，合理负担"的治税原则，区别对待以所有制为标准，实行税收负担公轻于私、大公轻于小公、小公内高级形式轻于低级形式的政策。合理负担虽然也被

---

① 周学熙（1866—1947），字缉之，号止庵，安徽建德人，1912年后曾任北京政府财政总长。
② 马寅初（1882—1982），又名元善，浙江嵊县人，著名经济学家。

理解为量力负担,即对不同数量收入实行区别对待,但这只在非公有制经济和集体所有制经济范围内实行。那时国家不承认全民所有制企业之间的利益差别,否认全民所有制内存在税收的客观必要性。

改革开放后,恢复公平税费制度。非公有制经济占工商税收很大的比重,公平也因此显得尤为重要,在未来很长的时间里,税收公平的做法都不会改变。详细内容在本书第6章中剖析。

3.2 税收公平与效率的内涵

公平与效率是现代税收的重要原则,是评价税收制度合理与否的基本标准,一般认为,兼顾了公平与效率的税收制度是最优的税收制度。在建设社会主义和谐社会的过程中,税收政策的制定与调整应该以公平与效率相统一的原则为指导,注重发挥税收在公平收入分配和促进经济协调发展方面的作用,为建设和谐社会创造良好的经济与社会环境。

3.2.1 税收公平与税收效率内涵

一般认为,在现代经济中,税收公平包括两层意义,即税收经济公平和税收社会公平。前文已有论述。

征税不仅应是公平的,还应是有效率的。这里的效率包括两层意义,即行政效率和经济效率。税收行政效率是指征税过程本身的效率,它要求税收在征收和缴纳过程中的耗费(征税费用和纳税费用)最小化。税收行政效率是征税最基本、最直接的要求,简化税制、提高税收征管水平等是提高行政效率的有效手段。税收经济效率是指政府在通过征税把数量既定的资源转移给公共部门的过程中,应尽量使不同税种对市场经济产生程度不同的扭曲(偏离帕累托最优)而对经济造成福利损失(税收超额负担)最小化,它是税收更高层次的效率要求。

3.2.2 税收公平与效率的关系

笔者认为,税收的公平与效率的关系是既矛盾又统一的辩证统一的关系。其矛盾性表现在:在具体税种或税收政策的选择上往往很难兼顾公平与效率。公平原则强调量能负担,而效率原则强调税收应尽量避免对经济产生干扰,实现资源的有效配置和经济的稳定与增长,要实现这一目标,就有可能拉大贫富差距,从而破坏公平原则。其统一性则表现在:就一国税收制度或税收总政策而言,二者是可以而且必须是统一的。一方面效率的提高是公平的物质基础,而真正的公平必须融合效率的要求,必须是有效率的公平,没有效率的公平便成了无本之木。另一方面公平是实现效率的前提,失去了公平的税收不会是高效率的。因为税收不公平必然会挫伤企业和个人的积极性,甚至还会引致社会矛盾,从而使社会生产缺少动力和活力,自然也就无效率可言,真正的税收效率必须体现公平的要求。一般认为,商品课税有利于提高效率,所得课税有利于促进公平。实践中,各国都通过建立复合税制来体现公平与效率的要求,只不过有些国家从本国国情出发或为了实现特定的政治、经济目标,在建设本国税制时实行以公平或效率某一方面作为侧重点的税收政策,从而形成效率型税制或公平型税制,这样的税制往往更具实践价值。

目前中国经济和社会已经发展到一个新的阶段,贫富差距日益增大,特别是城乡之间,严重的两极分化已经逐渐影响到社会的稳定。在这种情况下,在处理公平与效率的关系上,应当把二者兼顾起来,不应再提优先谁、兼顾谁。而在再分配领域,在财税工作中,则应该提倡并实行"公平优先、兼顾效率"的理念和原则,这是由公共财政的性质所决定的。

3.3 税收中性与税收公平

3.3.1 税收中性理论的产生与发展

税收中性作为一种思想,其起源可追溯到17世纪末英国古典经济学派的杰出代表亚当·斯密的理论。其在著作《国民财富的性质和原因的研究》中提出,"自由放任和自由竞争"的经济政策是税收中性原则产生的理论基础。亚当·斯密认为,最好的税收就是征费最少的税收,最好的政府就是管得最少的政府。政府对市场经济的任何干预都必然会破坏市场规范和市场秩序,有损于资源的合理流动和最佳配置,从而降低经济效率。

19世纪末,税收中性原则首先由英国新古典学派的马歇尔在其《经济学原理》一书中正式提出。他利用供需曲线和消费者剩余的概念,指出税收可能给纳税人带来"额外负担",影响市场机制运行的"中性"。直到20世纪初,西方主流经济学家们仍深信市场自身调控的力量,主张税收应遵循中性原则。

资本主义进入垄断阶段后,不断出现经济失衡状况,特别是1929~1933年的世界性经济危机,宣告了市场机制自发调控理论的破产。以凯恩斯为代表的国家干预主义迅速崛起并得到广泛运用,他认为政府不仅可以弥补市场运行的内在缺陷,而且在某些方面还可以代行市场机制的功能。税收作为政府宏观调控的一种手段,必然会对经济活动进行调整和干预,以形成课税的最大福利收益，以提高和改善整个社会资源配置的效率，即税收应该积极作为而非消极中性。

20世纪70年代中期以后，西方发达国家的经济出现了"滞胀"局面，凯恩斯主义也陷入困境，新自由主义经济学又再次提出税收中性思想，主张政府少干预，甚至不干预经济。虽然他们承认市场经济存在缺陷，但也认为政府干预的扭曲影响更大，因此，让市场机制自动调节经济较之政府调节的效果更好。

3.3.2　纯粹的理想的税收中性是不存在的

在研究税收的额外负担时，西方经济学家认为应当区分税收的收入效应和替代效应。收入效应是指由于征税而使纳税义务人的收入减少的效应；替代效应则是指由于征税而影响相对价格的变化，从而导致私人或企业选择一种消费或活动来代替另一种消费或活动所产生的效应。西方经济学家认为，收入效应不会产生额外负担，它只是表明资源从纳税义务人手中转移到政府手中；而替代效应则会妨碍私人或企业的抉择，因此，它会导致额外负担[73]。于是，新自由主义经济学家们提出一种纯粹的、理想的税收思想，即税收中性。税收中性思想要求，政府征税除使纳税人因纳税而承受额负担之外，不要再承担其他额外负担或遭受其他经济损失，即纯粹的、理想的税收中性是使税收的超额负担为零。但是，正如哈维·S.罗森指出，"一般对税收额外负担的分析，是在假定经济中除正在考虑的税之外，没有其他扭曲因素。但在现实中，在开征一种新税时，已经有其他扭曲因素，如垄断、外部影响和已经课征的其他税"[90]。即税收的超额负担不可能为零。因此，完全的税收中性事实上是不存在的。

首先，在现代西方经济中，国家的宏观调控已经与市场机制融为一体，市场经济要正常运行已离不开国家必要的宏观调控，而国家宏观调控的重要手段之一便是赋税。赋税要成为调控手段，就不可能是中性，要中性就不可能调控，这是人所共知的道理[73]。

从税收理论上看，即使是在完全的自由竞争市场经济条件下，税收也不可能做到完全中性。例如，我们考察一下税收对商品市场资源配置的干扰：税收中性的前提条件是不因税后价格水平扭曲而改变生产者或消费者的抉择。就消费税而言，对所有商品征收统一税率的消费税似乎不改变消费者的经济抉择，然而，各种商品需求价格弹性不同，必然会引起各种商品价格上升幅度有异，从事实上改变消费者的抉择。就生产税而言，单位商品的实际有效税率随加工过程向后延伸而递增，在对专业化程度不同的生产者征收统一税率的情况下，边际成本不同，从而改变生产者的经济抉择，导致效率损失。

既然抽象的完全竞争市场难以达成税收完全中性，那么竞争和垄断并存的混合经济条件下更难以实现税收完全中性。市场缺陷和政府不当干预的是客观存在的：一方面，垄断、外部经济、公共品、信息不完全等市场缺陷非常普遍；另一方面，因行政管理能力、收入分配和再分配目标及经济结构调整的限制，政府往往在税收领域存在不当干预。在市场缺陷和政府不当干预客观存在的条件下保持税收经济效率，实现资源次优配置，矫正各种市场缺陷和政府不当干预，减少税收超额负担，是"次优条件"下税收中性的主要内容，可见混合经济条件下的税收中性也是相对的。

从税收本质来看，税收中性是有限度的。税收体现的是一定的分配关系，其分配效应一般可分解为税收的收入效应和替代效应。收入效应即所得效应，不干扰商品的相对价格，仅仅削弱纳税人的支付能力或减少其可支配收入，所以不产生额外的效率损失，不影响税收中性的目的要求；而替代效应是由于政府课税改变商品相对价格而产生的效应，它是税收效率损失产生的根源，与税收中性的目的相左。然而，税收"总是会产生收入效应和替代效应，在实际生活中，它表现为或是刺激人们投资、储蓄、工作的正面效应，或是抑制人们投资、储蓄、工作的负面效应"[73]。税收的两效应总是结合在一起的，没有单独的效应存在，两者作用的方向可能相同，也可能相反，税收的净效应取决于两者的相对力度，而且即使是在税收替代效应造成的效率损失被其收入效应所抵消或部分抵消时，效率损失依然存在，只是此时是处于一种潜在的或较隐蔽的状态，并未消失。因此，从总效应来看，税收要做到完全中性，实际上是根本不可能的。

此外，至于有的学者提出的税收中性应还包括平等纳税、税制简明、有效征管等，笔者认为这并非税收中性的内涵，而是税收效率原则的必然要求。综上，笔者认为，与其提税收的中性原则，不如提税收效率大原则中的额外负担最小原则为好。

3.4　税收区域公平的提出

综上所述，税收作为政府调控宏观经济运行和国民收入分配与再分配的重要手段，与社会经济生活各领域密切相关，并对社会生活和经济运行发挥着巨大影响。经济发展与税收密切联系，经济决定税收，税收服务于经济发展。充分发挥税收职能作用，是促进经济良性发展的一个重要措施。而税收公平与否，将直接影响税收职能能否充分实现。解决好税收公平问题，是构建社会主义和谐社会的一项重要而紧迫的任务。税收公平的含义与评价体系随着社会的变迁而发展，税收公平有着多维的含义，若从空间维度考察，应重点关注税收区域公平。

自1994年我国实行分税制改革后，中央政府和地方政府的税收收入都实现了大幅增长，并初步理顺了中央与地方之间的财政分配关系，对整个社会的经济、政治、文化等方面都产生了非常积极的影响，同时也增强了中央政府的宏观调控能力，国民经济连续多年保持稳定快速增长。但是，随着社会主义市场经济的不断发展，现行的税收制度中的一些问题也逐渐显现出来，特别是由于区域税收优惠政策差异、税制设计中产业导向不明确，企业跨区经营形成的税收与税源背离、地区间恶性税收竞争、征管水平不高等，一些区域之间产生了横向的税收转移，而且这一趋势日益明显，不仅造成了东西部省份经济发展差距进一步拉大，还影响到区域经济进一步协调发展，造成省际的税收区域不公平。

目前，我国税收区域不公平的现象对西部欠发达地区的影响尤为严重。税收区域不公平现象的存在，造成各地区之间财力发展的不平衡，欠发达地区财力紧张，影响了其提供社会公共产品和服务的水平和质量；同时恶化了资源提供地的自然环境，使欠发达地区用于经济发展的投入大大低于发达地区，产生"马太效应"，不利于区域协调发展目标的实现，亦影响和谐社会的建设目标。贵州省内各地区之间存在的税收区域不公平的现象，同样影响了贵州省经济的协调与可持续发展。

当前，贵州省正处于经济社会发展的战略转型期和全面建设小康社会的关键时期，本书选择"贵州省经济社会税收区域公平问题"进行研究，有利于促进贵州省经济更好更快地良性发展，并将对"十三五"期间的税制改革和税制建设提供裨益。

第 4 章

税收区域公平相关问题的综述

"一个国家的税收史是惊心动魄的。如果你读它，从中看到不仅是经济的发展，还有社会的结构和公平正义"[91]。近年来，随着中国经济的迅猛发展，国家也更加关注社会公平问题，然而，公平的实现不仅包括教育公平、收入公平，还包括税收公平。税收公平事关国家稳定、发展和改革大局，是国家治理体系和治理能力现代化的重要组成部分。税收公平的研究角度是多维度的，既有价值维度也有领域维度，既有时间维度也有空间维度。从空间维度考察，税收公平应重点关注税收区域公平。本章在分析古今中外税收区域公平思想或理论的基础上，对税收区域公平与税收效率、税收区域公平与税收中性的关系做了详尽探讨。

4.1　税收区域公平的思考

税收区域公平的思想古今中外均存在。西方学术界对于税收公平有受益原则和纳税能力原则两种学说。在受益原则下，瑞典学派的维克塞尔提出，"分配公平是受益原则的基础，区域公共产品的供应要使个人效用最大化"。萨缪尔森则假设存在一个全知者，清楚每个区域的受益情况，通过效用和无差异曲线确定税收分配的"极乐点"。在纳税能力原则下，穆勒最早提出"税额应该公平分配"。塞利格曼、黑格等提出要按支出消费、生产能力、经济能力等因素在不同区域课征税收。中国税收区域公平思想最早在《禹书》中被提及，即按不同区域土地的肥沃程度、水陆交通，离帝都远近等因素来征税。后来管仲提出的"相地而衰征"和鲁国的"初税亩"也都体现这个思想。民国期间，马寅初提出均富原则，他认为现行税制不公平，"有的区域有田无税，有的区域无田有税"。新中国成立后，确立了"区别对待、合理负担的"治税原则[92]，但由于当时实行的是统收统支的财税体制，也就不存在税收区域公平问题。

当前，中国正处在努力实现中华民族伟大复兴"中国梦"的时代大背景下，不管是出于对区域协调发展还是出于对区域团结稳定的考虑，都必须正确认识税收区域公平与税收中性的关系，处理好税收区域公平与税收效率的关系问题。

4.1.1 税收区域公平与税收效率

国家凭借其政治权力对各个经济主体课征税收应该是公平和有效率的。这里的公平是指税收社会公平和税收经济公平。前者是指通过税收实现税收收入和税收负担在各个区域或经济主体之间的合理分配；后者是指通过税收构建区域之间或经济主体之间平等竞争的环境和条件。税收效率包括税收行政效率和税收经济效率。前者是征税过程中最直接、最基本的要求，它要求实现征税成本的最小化；后者是更高层次的要求，它要求把征税带给市场经济的扭曲程度最小化。

税收区域公平与税收效率并非是一对不可调和的矛盾，它们两者是对立统一的关系。其对立性表现为：国家在税收制度的设计、税法的制定及税收政策的选择上很难兼顾公平与效率。区域公平原则强调税收区域分配公平，即实现区域负担大小和受益大小的统一，实现税收与税源的统一；效率原则强调社会资源的最优配置，实现经济与税收收入的最大化增长，然而，要实现这一目标，就有可能破坏区域公平原则，拉大区域之间的经济差距和税收收入差距。其统一性表现为：从一个国家的税制发展和税收政策的调整来看，两者是可以统一而且必须是朝着统一方向发展的。一方面，效率的不断提高是实现区域公平的物质基础。如果在税收征管或分配过程中影响了全局的经济增长和发展，即便能实现税收区域公平，也是舍本求末和事倍功半的。所以，真正的税收区域公平必定是能实现效率要求的公平，也必须是能提高效率的公平，没有效率的税收区域公平只会是无源之水、无本之木，对一个国家全局的发展影响更大。另一方面，公平是实现效率的出发点和落脚点，不能保证公平的税收一定不会是高效率的。税收区域不公平不仅会挫伤地方政府和地方居民的积极性，甚至还会导致区域恶性的经济和税收竞争，破坏市场经济秩序，自然毫无效率可言。所以，真正的税收效率必定是能体现税收区域公平的效率，也必须是能保证相对公平的效率。

目前，中国已成为世界上第二大经济体，但二元经济结构明显，发达地区和欠发达地区之间、发达城市和落后乡下之间的贫富差距与日俱增，税收区域公平问题已经逐渐影响到"两个一百年"奋斗目标（2021年全面建成小康社会和2049年实现中华民族的伟大复兴）的实现。在这种情况下，必须真正重视税收区域公平问题，把它同税收效率兼顾起来，实现区域之间的协调可持续发展。

4.1.2　税收区域公平与税收中性

如第2章所述，从税收实践上来看，绝对的税收中性不可能存在。因为在经济全球化的浪潮中，不管是社会主义国家还是资本主义国家，不管是发达国家还是发展中国家，都不再是一个单独的个体，国家"看得见的手"与市场"看不见的手"早已配合默契融为一体，世界经济的稳定运行已经离不开各国的宏观调控和相互配合，税收作为重要的宏观调控手段，是不可能中性的[93]。从税收理论上来看，税收不可能完全做到中性，即便是在税收制度和税收政策完全合理，税收区域绝对公平的情况下。假若能实现税收区域绝对公平，即每个区域的税率、税收政策和获得的税收收入都一样，但企业也会因为各个区域的投资需求弹性不同，而导致投资门槛不同，影响其投资选择。假若税收区域不公平，由税制设计不完善、税收政策不合理、税收优惠不一致、税收分配不公平引起的市场失灵和政府干预就会是普遍存在的现象，在这种情况下，税收更难达到中性。

税收的本质其实就是一种分配关系。倘若税收分配合理，能实现税收区域公平，政府的宏观调控和政策干预就少，对经济造成的扭曲和对纳税人造成的额外损失就少，税收就会比较中性。倘若税收分配不合理，不能实现税收区域公平，政府的干预和调控就多，对经济造成的扭曲和对纳税人造成的额外损失就多，税收中性就会是"水中月，镜中花"。

4.2　税收区域不公平的表现形式

目前，我国税收协调机制还不够完善，税收区域不公平现象普遍存在，其表现形式也有很多种，如区域税收优惠政策差异明显、税收管辖权不明、地方税收保护主义盛行、税收横向分配机制不健全、总分机构和企业跨区经营的广泛存在等。前三种表现形式可以归结为区域税收无序竞争，后三种表现形式可以归结为总部经济模式。

4.2.1　区域税收无序竞争

我国1994年分税制改革的出发点是为了解决中央政府穷而地方政府富的不协调状况。此次改革主要对税收的纵向分配关系进行了明确，重新划分了中央税、地方税及中央地方共享税，但是，对于税收在地方之间如何进行横向分配没有明确，只是笼统提出要按照属地原则进行管理，并没有明确设置税收归属权这一关键性要素，加之地方政府因税收分配关系的改变而减少了税收收入，因此，在模糊的税收制度和利益的驱动下，直接点燃了区域政府间税收无序竞争的"战争"，严重影响了市场公平竞争和税制规范，形成税收收益在区域之间非正常流动的格局，出现税收区域分配不公平现象。

区域税收无序竞争是指各级地方政府为了追求本地利益最大化，不顾现实条件，通过提供税收优惠政策或低价土地等措施，吸引各种资源要素流入本地的不正当竞争行为。由区域税收无序竞争导致的税收区域公平问题主要表现为以下几点：一是现行税收横向分配机制不完善。例如，企业跨区域经营的广泛存在就很容易引起地方政府间为了争抢税收收益而进行竞争和博弈。发达地区掌握了更多的政治、经济和社会资源，通常在竞争和博弈中会占有较大优势，导致税收不断向发达地区转移。二是现行税收优惠机制不完善。尽管中央一再强调税收立法权和税收减免权归属中央政府，但地方政府为了刺激当地经济发展，竞相出台许多非正规的税收优惠政策或单方面扩大减免税范围。为了规避非法减免税收的政策风险，地方通常会采用"入库返成、税收折让"等补贴手段形成事实上的"税收洼地"，吸引外来投资并壮大当地地区生产总值总量。三是行政手段干预过度。为了满足投资人在其他方面的要求，有的地方政府会承诺解决企业高管子女的上学问题、配偶的工作和户籍问题，甚至给予部分高管一定的社会荣誉和政治待遇。例如，劳动模范、优秀市民、政协委员和人大代表等政治身份，以达到吸引外部税源和经济资源流入的目的。四是现行官员政绩考核机制不健全。改革开放后，我国坚持以经济建设为中心，地方官员的政绩考核机制也逐渐发生了变化，出现了"唯GDP论"和"GDP出官、官出GDP"的怪象。为了在短期内提高GDP总量，创造政绩和储备政治资本，地方官员纷纷加入到税收无序竞争的"恶战"当中，甚至超越权限进行违规操作，加剧了区域税收与税源的背离，使税收区域公平问题进一步恶化。

经济学原理告诉我们，适当的税收竞争有利于提高政府工作效率，转变政府职能，但无序的税收竞争只会导致经济效率的低下和资源的浪费，可谓"损人不利己"。其一，地方政府不顾及当地经济、生态和社会的承受条件，大幅度、大范围给予投资者优惠政策，多快好省地引进项目，很有可能会打乱一个地区的长远发展规划，给其带来沉重的经济负担。其二，无序的税收竞争会引起资源要素的非正常流动，扰乱市场正常的资源配置功能，使区域间税收与税源发生背离，继续拉大欠发达与发达地区的经济差距，加剧马太效应。

4.2.2 总部经济模式

总部经济是伴随全球一体化、经济全球化及各地区合作不断加深而出现的一种新的经济形态，是指中心城市利用其特有资源优势吸引企业把总部落户并布局在该区域[94]。总部经济会给总部区域带来很多正外部效应，如社会资本效应、产业乘数效应、劳动就业效应、消费带动效应和税收贡献效应[95]。但同时也会给周边区域带来许多负外部效应：一是总部经济把企业价值链高端、高附加值环节向中心城市聚集，而把低端、低附加值环节放在其他区域，加剧区域间发展的不平衡；二是总部经济为企业规避和转移税收提供了可乘之机，容易造成税收流失和税收区域公平问题。

在总部经济模式下，企业的生产、研发、销售等基地在空间上出现分离，分离的经营活动必会引起税收的转移，而税收转移的趋势就是从其他欠发达区域流向发达中心区域，出现发达区域"无税源而有税收"，欠发达区域"有税源而无税收"的现象，这主要是由企业跨区域经营引起的。企业跨区域经营的最主要表现形式就是总分机构。所谓总机构，是指具有法人资格，能为下属分支机构提供服务的最高管理机构；所谓分机构，是指由总机构设立，从事生产、销售和分配等经营活动的机构。具体来讲，总分机构可以分为两种存在形式：一种是母、子公司型，子公司为独立法人，进行独立核算。如果母子公司采取汇总纳税①的方式（经批准可以进行汇总纳税），按照现行税法的规定，子公司之间或母、子公司应缴纳的税收就会发生跨区域转移，由此导致区域间税收与税源的背离。如果不能进行汇总纳税，企业通常会利用区域税收政策的差异进行关联交易，转让利润，或是通过集团公司内部转让定价的方式，调整各子公司的销售利润，从而引起子公司之间或母、子公司的应纳税额和入库地点发生变化，引发跨区域税收与税源的背离。另一种总分机构是总、分公司型，分公司为非独立法人，不具有法人资格，企业通常会选择汇总纳税方式（经批准可以进行汇总纳税），使税收在总、分公司各自所在区域进行横向分配，倘若分配合理，区域税收与税源就不会背离，倘若企业仅采用汇总纳税的方式而不在区域间进行横向分配，就会产生税收分配区域不公问题。我国现行税法规定按照属地原则来确定纳税地点，很显然，在现行税收管理机制下，税收会从分机构所在地政府向总机构所在地政府进行转移，区域税收与税源的背离不可避免。

由此可知，不管是区域之间税收无序竞争，还是总部经济发展模式等不公平表现形式的存在，引起税收区域公平问题的绝大部分因素都可以归结为是区域税收与税源背离。因此，要研究贵州省税收区域公平问题，主要是要对贵州省税收与税源的关系进行定量分析。

---

① 从理论上讲，汇总纳税和合并纳税有所区别。汇总纳税是指分公司将应税所得全部汇总总公司，由总公司计算全体所得税额；合并纳税是指将母、子公司所得合并，由母公司计算合并所得税额。但由于两者都是由总机构将分支机构所得集中统一缴纳，因此，在税收实践上，就把两者合称为汇总与合并纳税，简称汇总纳税。

第 5 章

贵州省税收与税源关系的实证分析

亚当·斯密说过，"税收是财富分配的利器"。经济决定财政，财政反作用于经济的原理告诉我们，税收收入的最终来源基础是经济，经济情况越好，提供的税收收入就会越多，经济情况欠佳，提供的税收收入就会减少[96]。从理论上来讲，规模相同的经济总量应该提供规模相似的税收收益，即经济规模相同的区域应该分得的税收收入相同。因此，贵州省的税收与税源是否存在背离关系可以用贵州征收的税收总量同贵州产生的经济总量进行相比，予以测算和反映。

5.1 税收与税源背离关系的测算

在现代社会中，GDP已经被世界上绝大多数国家公认为是衡量一国经济状况的最优指标。它既能反映某个国家或地区在一定时期内产生的经济总量，也能反映该国家或地区的经济运行状况。从我国现行税制来看，国家对第一产业（包括农业、林业、畜牧业、渔业）实施的税收优惠政策比较多，第一产业所产生的税收收入就比较少。例如，自2006年1月1日起，我国就全面废除了农业税，使中国7亿农民彻底告别了延续2 600年的"皇粮国税"。所以，从理论上来讲，在计算税收收入总量和GDP总量时应该把第一产业产生的税收收入和与之相对应的GDP量扣除。但在现实生活中，由于税收优惠政策的力度和时间弹性较大，要完全搜集不包含第一产业的GDP和税收收入等数据的难度较大，因此，本书选取的GDP数据均包含三大产业增加值。

在税收收入统计口径上的选择主要有三种：一是全部税收收入口径，即包括中央和地方两级税收收入；二是地方政府一般预算收入口径，即指地方政府财政收人；三是地方级税收收入口径。政府财政收入中非税收入部分尚不规范，加之社会保障税费数据的缺失，所以，用口径二测算出来的准确性并不高。其他两种口径中，中央级税收收入虽然对地方财力的影响不大，但其对国税机关收入多少的影响很大。地方级税收收入是用来衡量税收与税源背离关系最常用的方法，因为地方税收是地方财政收入的主要来源，自然就是地方政府最为关心的问题。但随着"营改增"试点工作的全面铺开和试点业务的不断扩大，地方主体税种将面临缺失，地方级税收占全部税收收入的比重也在逐渐减少，此时再把地方级税收收入作为衡量指标已不再适宜，而且从长远来看，地税与国税有走向统一的趋势。因此，选用口径一，即全部税收收入的统计口径，更能从国家宏观大局上来把握税收区域公平问题，把握区域税收与税源背离问题，让全国的一盘棋走得更好、更顺、更活。下面就运用此口径对贵州省及我国其他30个省（自治区、直辖市不包括港、澳、台地区）税收与税源的关系进行测算分析。

5.1.1　区域税收与区域生产总值占比比较法

区域税收与税源关系的测算可以用区域税收总量与全国税收总量的比值减去区域生产总值总量与全国GDP总量的比值来衡量。如果差值大于零，则表明该区域是税收净移入地；如果差值小于零，则表明该区域是税收净移出地。这两种情况都说明该区域税收与税源的关系是背离的。如果差值恰好等于零，则说明该区域税收与税源的关系均衡，不存在背离。具体公式如下：

$$S_i = \frac{T_i}{\sum_{i=1}^{n} T_i} - \frac{G_i}{\sum_{i=1}^{n} G_i}, \quad i=1, 2, \cdots, n$$

其中，T_i 表示 i 地区的税收收入；G_i 表示 i 地区内的地区生产总值总量。下面就运用上式对我国31个省（自治区、直辖市，不包括港、澳、台地区）2013年的地区生产总值和税收收入情况进行计算，计算结果如表5.1所示。

表5.1　2013年各省（自治区、直辖市）的地区生产总值和税收收入情况

地区	地区生产总值/亿元	税收收入/亿元	地区生产总值占全国比重/%	税收收入占全国比重/%
北京	19 500.56	10 366.21	3.10	9.50
天津	14 370.16	4 024.19	2.28	3.69
河北	28 301.41	3 611.91	4.49	3.31
山西	12 602.24	2 266.80	2.00	2.08
内蒙古	16 832.38	2 282.69	2.67	2.09
辽宁	27 077.65	3 337.66	4.30	3.06
吉林	12 981.46	1 883.16	2.06	1.72

续表

地区	地区生产总值/亿元	税收收入/亿元	地区生产总值占全国比重/%	税收收入占全国比重/%
黑龙江	14 382.93	2 219.11	2.28	2.03
上海	21 602.12	10 922.01	3.43	10.00
江苏	59 161.75	10 996.80	9.39	10.07
浙江	37 568.49	5 758.08	5.96	5.27
安徽	19 038.87	2 777.33	3.02	2.54
福建	21 759.64	2 666.91	3.45	2.44
江西	14 338.5	1 999.88	2.28	1.83
山东	54 684.33	5 994.40	8.68	5.49
河南	32 155.86	3 276.73	5.10	3.00
湖北	24 668.49	3 181.53	3.92	2.91
湖南	24 501.67	2 713.99	3.89	2.49
广东	62 163.97	10 133.45	9.87	9.28
广西	14 378.00	1 827.16	2.28	1.67
海南	3 146.46	755.39	0.50	0.69
四川	26 260.77	3 745.86	4.17	3.43
重庆	12 656.69	1 937.71	2.01	1.77
贵州	8 006.79	1 553.15	1.27	1.42
云南	11 720.91	2 660.52	1.86	2.44
西藏	807.67	145.20	0.13	0.13
陕西	16 045.21	2 611.98	2.55	2.39
甘肃	6 268.01	944.80	0.99	0.87
青海	2 101.05	343.44	0.33	0.31
宁夏	2 565.06	457.24	0.41	0.42
新疆	8 360.24	1 773.58	1.33	1.62

资料来源：根据《2014中国统计年鉴》《2014中国税务年鉴》数据计算而成

从表5.1可知，绝大部分省份税收与税源的关系都存在背离。以北京为例，2013年北京地区生产总值占全国GDP的比重为3.10%，而税收收入占全国税收收入的比重却达到了9.50%，差额为6.40%。这意味着如果按照地区地区生产总值贡献值来衡量，北京分享的税收比例应该为3.10%，但其实际分享的税收收入要远高于按地区生产总值贡献所获取的税收收入。再以山东为例，2013年山东地区生产总值占全国比重为8.68%，但税收收入却只占全国的5.49%，差额为3.19%，这意味着山东实际分享的税收收入要远低于按地区生产总值贡献所获取的税收收入。再来看贵州的情况，贵州2013年地区生产总值占全国GDP的比重为1.41%，税收收入占全国比重为1.42%，差额为0.01%，虽然差额非常小，但同样说明贵州实际分享的税收收入要高于按地区生产总值贡献值所获取的税收收入，存在税收区域分配不公平现象。

　　以上三个例子均说明，税收收入的横向分配不公平现象是普遍存在的。为了进一步观察这种背离现象，本章选取最近9年的数据，运用上述方法对我国31个省（自治区、直辖市，不包括港、澳、台地区）的税收背离程度进行了测算和统计，如表5.2所示。

表5.2　2005~2013年区域税收收入背离度表（单位：%）

省份	2005年	2006年	2007年	2008年	2009年	2010年	2011年	2012年	2013年
北京	5.67	6.34	6.28	6.84	7.48	5.71	5.82	5.90	6.40
天津	1.77	1.94	1.80	1.84	1.49	1.81	1.79	1.52	1.41
河北	−1.53	−1.51	−1.55	−1.38	−1.31	−1.25	−1.24	−1.16	−1.18
山西	0.40	0.39	0.34	0.54	0.44	0.24	0.19	0.20	0.08
内蒙古	−0.25	−0.34	−0.50	−0.55	−0.59	−0.44	−0.44	−0.54	−0.58
辽宁	−0.89	−1.10	−1.22	−1.27	−1.28	−1.17	−1.30	−1.11	−1.24
吉林	−0.35	−0.43	−0.55	−0.47	−0.45	−0.44	−0.40	−0.38	−0.34
黑龙江	−0.18	−0.15	−0.49	−0.37	−0.41	−0.50	−0.32	−0.28	−0.25
上海	8.06	7.70	10.21	8.38	7.60	7.56	7.40	6.86	6.58
江苏	0.60	0.42	0.56	0.62	0.83	0.91	0.98	0.74	0.69
浙江	−0.64	−0.58	−0.73	−0.44	−0.55	−0.68	−0.70	−0.64	−0.69
安徽	−0.73	−0.66	−0.71	−0.61	−0.57	−0.45	−0.46	−0.49	−0.48
福建	−1.13	−1.11	−1.24	−1.14	−1.16	−1.12	−1.11	−1.10	−1.01
江西	−0.82	−0.83	−0.81	−0.79	−0.64	−0.55	−0.60	−0.51	−0.44
山东	−3.71	−3.65	−3.78	−3.85	−3.97	−3.43	−3.26	−3.16	−3.19
河南	−2.40	−2.31	−2.40	−2.47	−2.51	−2.52	−2.43	−2.28	−2.10
湖北	−0.82	−0.77	−0.97	−0.97	−1.04	−1.10	−1.17	−1.08	−1.00
湖南	−1.09	−1.12	−1.27	−1.40	−1.41	−1.50	−1.56	−1.46	−1.40
广东	−0.20	−0.57	−1.03	−0.71	−0.75	−0.39	−0.52	−0.51	−0.59
广西	−0.55	−0.61	−0.67	−0.71	−0.70	−0.66	−0.65	−0.56	−0.61
海南	−0.06	−0.04	0.03	0.09	0.15	0.21	0.23	0.22	0.20
四川	−1.07	−1.04	−1.09	−1.13	−1.04	−0.96	−0.92	−0.83	−0.74
重庆	−0.48	−0.43	−0.42	−0.43	−0.41	−0.26	−0.28	−0.31	−0.23
贵州	0.02	0.03	−0.031	−0.024	0.01	0.01	−0.025	−0.013	0.015
云南	0.72	0.70	0.61	0.67	0.67	0.70	0.60	0.61	0.58
西藏	−0.07	−0.07	−0.07	−0.06	−0.06	−0.04	−0.01	0.03	0.005
陕西	−0.21	−0.13	−0.20	−0.20	−0.05	0.01	0.03	−0.03	−0.15

续表

省份	2005年	2006年	2007年	2008年	2009年	2010年	2011年	2012年	2013年
甘肃	−0.16	−0.17	−0.15	−0.20	−0.03	−0.07	−0.09	−0.08	−0.13
青海	−0.05	−0.04	−0.05	−0.05	−0.01	−0.02	−0.03	−0.03	−0.02
宁夏	−0.02	−0.03	−0.05	−0.05	−0.04	−0.02	−0.03	0.00	0.01
新疆	0.10	0.11	0.08	0.22	0.22	0.32	0.38	0.36	0.30

资料来源：根据《2006—2014中国统计年鉴》《2006—2014中国税务年鉴》《2006—2014贵州统计年鉴》数据计算

从表5.2近9年的数据可以看出，只有北京、上海、天津、江苏、云南、海南、山西、新疆8个省（自治区、直辖市）总体上是属于税收收入移入区域，税收收入表现为移出的省份共有23个，其中比较明显的有山东、河南等省份，均达到了2.00%以上的移出度。

为了便于进一步观察和分析，我们分别选取2个税收移出与税收移入最明显的省份和2个背离现象不太不明显的省份进行折线比较，如图5.1所示。

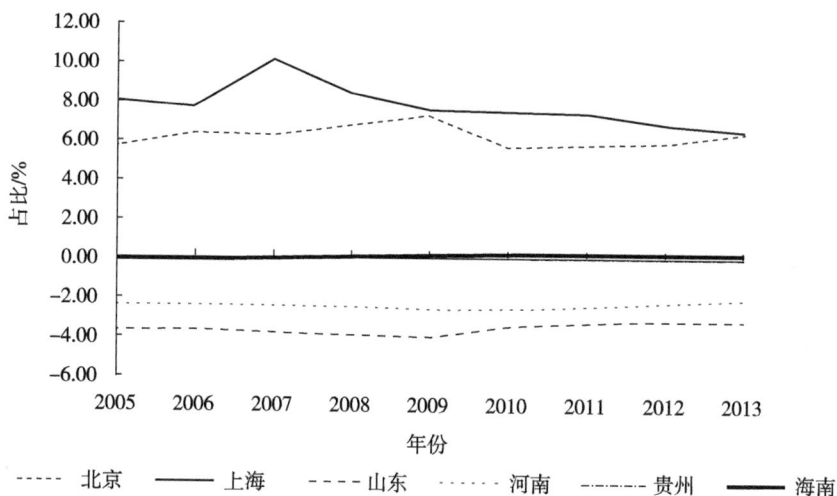

图5.1 部分区域税收背离度折线图

可以清楚地看到，北京、上海的税收移入程度最为明显，上海在2007年甚至达到了10.21%的移入度，虽然其后几年都出现了下降的趋势，但下降幅度不大，仍然保持在6.50%以上的税收移入度。税收移出程度最为明显的是山东、河南两个省份。山东在2009年更是一度达到了3.97%的移出度，随后逐渐呈现出下降趋势。贵州和海南这两个省份的税收背离程度相对较小，前者时有移入时有移出，后者从2007年开始便一直移入，但值得注意的是贵州和海南的税收背离程度都呈现出了扩大趋势。

5.1.2　区域税收与区域生产总值占比差额偏离程度比较法

受历史、地理和政策等因素的影响，我国各区域之间的经济发展极不平衡，"先富"没有带动"后富"，区域之间的发展差距逐渐拉大，各区域的面积与所产生的生产总值和税收收入极不对称。以贵州、上海两个省份为例：贵州面积为17.6万平方千米，占我国国土面积的1.83%，上海面积为0.634万平方千米，占我国国土面积的0.07%。贵州面积是上海面积的27.76倍。但2013年上海的地区生产总值和税收收入分别占到全国的3.43%和10.00%，是全国的经济重镇，世界的金融中心。而同年，贵州的地区生产总值和税收收入分别仅占全国的1.27%和1.42%，经济影响力微乎其微，地区生产总值和税收的贡献值甚至可以忽略不计。所以，仅用区域税收占全国税收比重与区域生产总值占全国GDP比重的差额来衡量各区域税收与税源的背离程度是不足以完全反映背离全貌的。为了更客观、真实地测算出贵州和其他区域税收的背离情况，下面将对上文公式进行调整，调整公式如下：

$$S_i = \left(\frac{T_i}{\sum\limits_{i=1}^{n} T_i} - \frac{G_i}{\sum\limits_{i=1}^{n} G_i} \right) \Bigg/ \frac{G_i}{\sum\limits_{i=1}^{n} G_i}, \quad i=1, 2, \cdots, n$$

其中，T_i 表示 i 地区的税收收入；G_i 表示 i 地区内的地区生产总值总量。下面就运用上述公式，对我国31个省（自治区、直辖市，不包括港、澳、台地区）2005~2013年的税收背离程度进行再次测算和统计，测算结果如表5.3和图5.2所示。

表5.3　2005~2013年区域税收收入背离度表（单位：%）

省份	2005年	2006年	2007年	2008年	2009年	2010年	2011年	2012年	2013年
北京	162.2	181.8	178.5	205.1	224.8	176.9	186.8	190.1	206.8
天津	90.5	101.3	95.7	91.5	72.5	85.7	82.4	67.8	61.6
河北	−30.5	−30.7	−32.0	−28.7	−27.9	−26.9	−26.4	−25.2	−26.3
山西	19.0	18.8	15.9	24.7	21.7	11.5	9.0	9.7	3.8
内蒙古	−13.0	−15.8	−21.6	−21.7	−22.0	−16.4	−16.1	−19.8	−21.7
辽宁	−22.0	−27.5	−30.6	−30.9	−30.7	−27.0	−30.5	−25.8	−28.9
吉林	−19.4	−23.7	−28.9	−24.6	−22.7	−22.4	−19.7	−18.4	−16.3
黑龙江	−6.5	−5.6	−19.1	−14.7	−17.5	−21.2	−13.3	−12.0	−11.0
上海	173.6	169.5	228.5	198.4	184.6	192.5	201.1	195.8	191.8
江苏	6.4	4.5	6.1	6.7	8.8	9.6	10.4	7.9	7.3
浙江	−9.5	−8.5	−10.9	−6.8	−8.7	−10.8	−11.3	−10.6	−11.5
安徽	−27.3	−25.2	−27.0	−23.0	−20.7	−16.0	−15.7	−16.3	−15.8

续表

省份	2005年	2006年	2007年	2008年	2009年	2010年	2011年	2012年	2013年
福建	−34.2	−34.0	−37.6	−35.2	−34.5	−33.2	−32.8	−32.2	−29.3
江西	−40.2	−40.2	−38.9	−37.8	−30.7	−25.6	−26.7	−22.5	−19.5
山东	−40.3	−38.8	−41.0	−41.5	−42.7	−38.2	−37.4	−36.4	−36.7
河南	−45.2	−43.6	−44.7	−45.8	−47.0	−47.8	−47.0	−44.3	−41.2
湖北	−24.9	−23.7	−29.2	−28.4	−29.4	−30.1	−31.1	−28.1	−25.6
湖南	−33.0	−34.0	−37.5	−40.3	−39.5	−40.7	−41.4	−38.1	−36.1
广东	−1.8	−5.0	−9.1	−6.4	−7.0	−3.7	−5.1	−5.1	−5.9
广西	−27.3	−29.9	−32.4	−33.9	−32.8	−30.2	−29.1	−25.0	−26.7
海南	−12.2	−9.3	5.9	20.9	33.6	44.6	47.7	43.8	38.5
四川	−28.8	−27.8	−28.7	−29.8	−26.9	−24.3	−22.9	−19.9	−17.7
重庆	−27.6	−25.7	−25.3	−25.0	−22.7	−14.1	−14.4	−15.6	−11.6
贵州	2.3	2.5	−2.9	−2.2	1.0	1.1	−2.1	−1.0	1.1
云南	41.5	41.1	35.9	39.1	39.4	42.1	35.0	34.3	31.0
西藏	−55.1	−57.1	−57.1	−52.1	−50.7	−38.0	−5.4	23.9	3.7
陕西	−10.8	−6.2	−9.7	−8.9	−2.3	0.6	1.3	−1.4	−6.1
甘肃	−16.4	−17.7	−15.1	−20.6	−3.4	−7.9	−9.4	−8.5	−13.0
青海	−19.5	−15.5	−17.2	−18.0	−3.8	−6.8	−8.6	−8.3	−5.7
宁夏	−7.3	−9.4	−14.4	−13.9	−10.0	−5.5	−7.5	−0.4	2.9
新疆	7.8	8.6	6.7	17.9	19.2	26.1	29.9	27.4	22.4

资料来源：根据《2006—2014中国统计年鉴》《2006—2014中国税务年鉴》《2006—2014贵州统计年鉴》数据计算

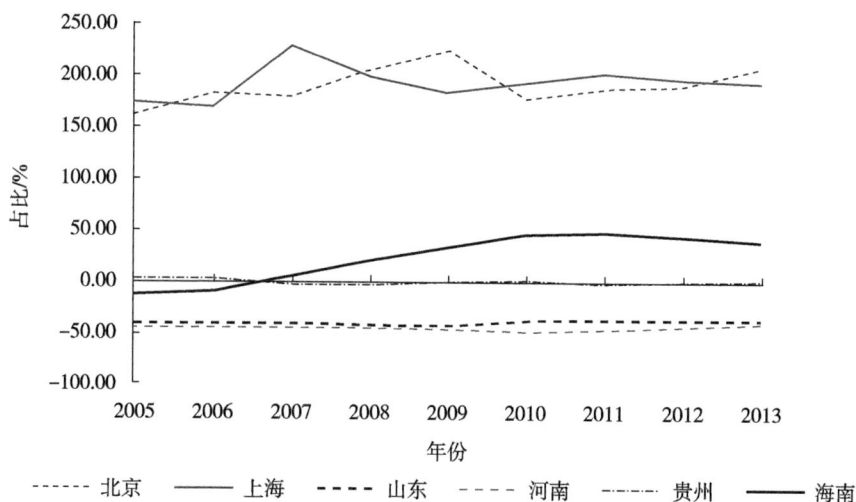

图5.2 部分区域税收背离度折线图

从表5.3和图5.2可以清楚地看出，北京、上海仍然是税收移入度最高的两个城市，年平均移入税收超过应分享税收的190%以上，成为税收区域分配不公的最大受益地区。山东、河南则仍然税收移出度最高的两个省份，年平均移出税收超过应分享税收的40%左右，是税收背离的最大受损地区。海南的税收收入从2007年开始移入，移入程度虽然不大，但呈现出先增后降的趋势。贵州2005年、2006年、2009年、2010年和2013年均是税收移入区，其余年份则均表现为税收移出，但移入或移出的幅度都不大，是税收移出幅度最小的一个区域。

5.1.3　区域税收与区域消费占比比较法

在我国，流转税亦可以称为间接税，已经占据总税收收入的6成以上。目前，世界上绝大多数发展中国家都以间接税为主，因为间接税具有征税普遍、税负易转嫁等特点，它几乎可以对一切商品和劳务征税，并将税负最终转由消费者承担，能在一定程度上抬升产品价格，刺激消费者扩大消费额度，促进经济发展。因此，按照发展中国家的惯例，一个区域的税收背离程度也可以用该区域税收收入占全国税收收入比重与该区域最终消费额占全国最终消费额比重的差额来衡量。如果差额大于零，则表明该区域是税收净移入地；如果差额小于零，则表明该区域是税收净移出地；如果差额恰好等于零，则表明该区域税收与税源不存在背离，是均衡的。运用这种测算方法的好处在于既可以分析某个区域某一年税收背离的动态数据，也可以对该区域某一年税收背离的静态数据进行分析。测算公式如下：

$$D_i = \frac{T_i}{\sum\limits_{i=1}^{n} T_i} - \frac{C_i}{\sum\limits_{i=1}^{n} C_i}, \quad i=1,\ 2,\ \cdots,\ n$$

其中，D_i表示i地区税收所占全国比重与消费所占全国比重的差额；T_i表示i地区的税收收入；C_i表示i地区的最终消费额（包括政府消费支出和居民消费支出）。下面就运用上述公式对我国31个省（自治区、直辖市，不包括港、澳、台地区）2005~2013年的税收背离程度进行计算，计算结果如表5.4所示。

表5.4　2005~2013年区域税收收入与区域消费额背离情况表（单位：%）

省份	2005年	2006年	2007年	2008年	2009年	2010年	2011年	2012年	2013年
北京	5.59	6.12	5.99	6.32	6.86	5.00	4.98	5.04	5.51
天津	2.21	2.31	2.13	2.25	1.87	2.16	2.17	1.94	1.80
河北	−0.87	−0.98	−1.12	−0.90	−0.82	−0.74	−0.56	−0.66	−0.66
山西	0.55	0.51	0.56	0.82	0.47	0.34	0.32	0.26	0.01
内蒙古	−0.03	−0.06	−0.17	−0.05	−0.23	−0.06	0.00	−0.11	−0.21
辽宁	−0.72	−0.73	−0.66	−0.70	−0.78	−0.67	−0.74	−0.54	−0.69
吉林	−0.46	−0.48	−0.60	−0.49	−0.44	−0.33	−0.22	−0.14	−0.11

续表

省份	2005年	2006年	2007年	2008年	2009年	2010年	2011年	2012年	2013年
黑龙江	-0.10	-0.09	-0.58	-0.59	-0.85	-0.87	-0.66	-0.60	-0.63
上海	8.23	7.77	10.17	8.12	7.21	6.79	6.57	6.08	5.82
江苏	2.31	1.83	1.76	1.77	1.86	1.79	1.78	1.69	1.25
浙江	-0.35	-0.37	-0.51	-0.14	-0.49	-0.65	-0.78	-0.75	-0.65
安徽	-1.10	-1.01	-1.06	-1.04	-0.84	-0.72	-0.70	-0.63	-0.53
福建	-1.17	-1.17	-1.14	-1.13	-0.96	-0.89	-0.79	-0.61	-0.36
江西	-0.92	-0.85	-0.83	-0.79	-0.62	-0.63	-0.69	-0.60	-0.52
山东	-2.54	-2.62	-2.99	-3.18	-2.62	-2.10	-2.11	-2.11	-2.06
河南	-2.50	-2.47	-2.15	-2.03	-2.28	-2.33	-2.18	-2.09	-2.10
湖北	-1.20	-1.29	-1.38	-1.33	-1.19	-1.13	-1.14	-0.93	-0.81
湖南	-1.87	-1.88	-1.89	-1.88	-1.72	-1.61	-1.58	-1.39	-1.28
广东	-0.55	-0.50	-1.04	-0.94	-0.81	-0.58	-1.20	-1.47	-1.47
广西	-1.05	-1.04	-1.05	-1.07	-1.11	-0.89	-0.74	-0.72	-0.80
海南	-0.07	-0.07	-0.01	0.04	0.13	0.21	0.22	0.20	0.16
四川	-1.77	-1.55	-1.56	-1.52	-1.39	-1.31	-1.24	-1.11	-0.99
重庆	-0.56	-0.55	-0.59	-1.00	-0.48	-0.34	-0.29	-0.33	-0.23
贵州	-0.54	-0.50	-0.55	-0.33	-0.34	-0.28	-0.26	-0.16	-0.09
云南	0.11	0.11	0.14	0.52	0.17	0.21	0.10	0.06	-0.02
西藏	-0.13	-0.08	-0.13	-0.11	-0.12	-0.09	-0.05	-0.02	-0.04
陕西	0.06	0.26	0.01	0.07	-0.09	0.04	0.11	0.10	0.04
甘肃	-0.42	-0.42	-0.39	-0.49	-0.34	-0.34	-0.37	-0.34	-0.36
青海	-0.15	-0.14	-0.15	-0.13	-0.08	-0.07	-0.07	-0.07	-0.04
宁夏	-0.11	-0.12	-0.11	-0.10	-0.05	-0.05	-0.05	-0.03	-0.03
新疆	0.13	0.03	-0.10	0.04	0.07	0.14	0.18	0.08	0.09

资料来源：根据《2006—2014中国统计年鉴》《2006—2014中国税务年鉴》数据计算而成

　　根据表5.4测算结果可知，2013年北京税收收入占全国比重超过最终消费额，占全国比重的5.51百分点，这意味着北京实际获取的税收收入要远高于按区域最终消费额分享的税收收入，是税收净移入地。与北京情况相类似的还有上海、天津、江苏、云南、海南、陕西、山西和新疆等省份，它们在多数年份里均为税收净移入地。与之相对应的是以山东、河南为代表的其余22个省份，它们的税收收入占比均要低于最终消费额占比，都为税收净移出地。此外，值得我们注意的是，虽然上述两种方法测算出来的结果大小稍显不同，但各区域税收背离的方向和趋势都是一样的。在此种方法下，中西部大部分省份，特别是西部省份的税收移入程度减弱了，而税收移出程度却相对放大加重了。以贵州为例，近9年来，贵州的区域税收占比一直要低于区域消费占比，处于税收移出状态，虽然其税收移出程度呈下降趋势，但背离程度明显相对偏高，几乎与重庆持平。如果以地区最终消费额为衡量标准，就说明贵州实际分享的税收收入要远低于按最终消费贡献额所获取的税收收入，部分流转税额被转移出去了。

5.1.4　区域税收与区域经济差距系数比较法

经济决定税收，税收最终来源于经济，经济与税收是密不可分的。所以，我们可以通过区域经济差距系数来反映各个地区经济发展的差距，再用区域税收差距系数来展示各个地区税收收入的差距，通过比较这两个差距系数，来分析某个区域税收与税源的关系是否存在背离。如果区域税收差距系数大于区域经济差距系数，则说明税收收入横向分配存在"劫贫济富"现象；如果区域税收差距系数小于区域经济差距系数，则说明税收收入横向分配存在"劫富济贫"现象；如果两个系数恰好相等，那么区域税收与税源的关系也正好达到均衡，不存在背离。为了更加客观、科学地衡量区域税收与税源的关系，需要借鉴统计学上用来反映变量之间离散程度的离散系数法，相关公式如下所示。

平均数计算公式为

$$\bar{x} = \frac{1}{n}\sum_{i=1}^{n} x_i, \quad i=1,\ 2,\ \cdots,\ n$$

标准差公式为

$$\sigma = \sqrt{\frac{\sum_{i=1}^{n}(x_i - \bar{x})^2}{n}}, \quad i=1,\ 2,\ \cdots,\ n$$

差距系数计算公式为

$$V_\sigma = \frac{\sigma}{\bar{x}}$$

下面就利用上述公式和相关数据，测算2005~2013年区域税收差距系数和经济差距系数，测算结果如表5.5和图5.3所示。

表5.5　区域税收差距系数和区域经济差距系数表

年份	2005	2006	2007	2008	2009	2010	2011	2012	2013
区域税收差距系数	1.00	0.99	1.06	1.00	0.98	0.93	0.91	0.87	0.87
区域经济差距系数	0.84	0.84	0.83	0.82	0.81	0.80	0.77	0.76	0.76
区域离散系数差额	0.16	0.15	0.23	0.18	0.17	0.13	0.14	0.11	0.11

资料来源：根据《2006—2014中国统计年鉴》《2006—2014中国税务年鉴》《2006—2014贵州统计年鉴》数据计算

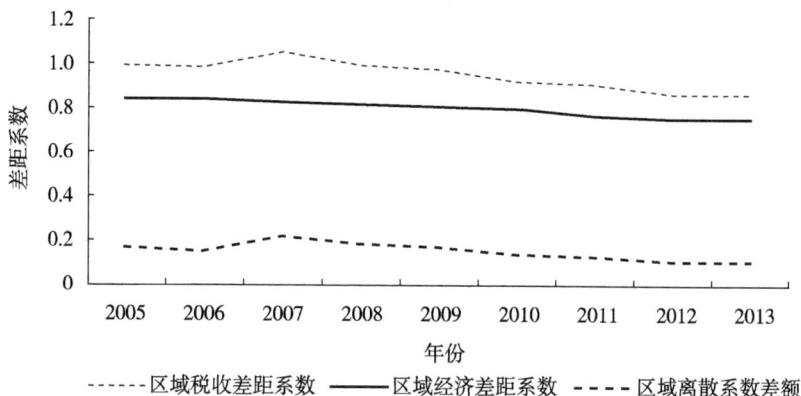

图5.3 区域税收差距系数和区域经济差距系数折线图

从表5.5和图5.3中可知，近9年里，区域税收差距系数总体上呈现出先上升后下降的形态，其变化大致可以分为以下两个阶段：第一阶段是2005~2007年，这阶段的区域税收差距系数从2005年的1.00大幅上升到2007年的1.06,说明区域间的税收收入差距突然增大；第二阶段是2007~2013年，本阶段区域税收差距系数一路下降，从2007年的1.06大幅下降到2013年的0.87，下降了17.92%，说明区域间的税收收入差距已在逐年缩小。与此相比，区域经济差距系数的变化就显得非常明确和简单，其在2005年和2006年均为0.84，随后逐年下降，到2013年已经降为0.76，下降了9.52%，这说明各区域之间的经济差距在渐渐缩小。虽然这两个系数的发展形态不太一样，但区域税收差距系数始终要大于区域经济差距系数，说明长期以来，区域间税收与税源的关系都是不均衡的，税收横向分配始终存在"劫贫济富"的问题，不公平现象比较严重。

而区域离散系数差额，总体上同样呈现出先升后降的形态，从2005年的0.16上升到2007年的0.23，说明这一阶段"劫贫济富"的情况加剧。随后其一路走低，降为2013年的0.11，下降了52.17%，说明"劫贫济富"的现象在这个阶段已经得到了大幅好转，并朝着有利的趋势发展。但我们仍然需要注意两个现象：一是区域税收差距系数和区域经济差距系数的降低幅度要远远低于区域离散系数差额；二是区域税收差距系数的下降幅度要远快于区域经济差距的下降幅度。前者现象反映出在财税政策的作用下，"劫贫济富"的好转程度要远远大于区域间税收差距和经济差距的好转程度，说明调控工具对自身的调控力度不够，对全局的调控力度不均衡，可控性不好。后者现象反映出缩小区域税收差距起到了缩小区域经济差距的作用，但其效果不明显，两者一快一慢，一前一后。以上两个现象均说明我国财税政策的调控深度还不够，调控效果和调控手段还有待进一步提高、完善和创新。

5.1.5 区域税收背离数测算

通过上述四种方法,我们分别对区域间税收与税源的关系是否均衡或是否存在背离,区域间税收横向分配是否"劫富济贫"或"劫贫济富"进行了判定,并运用了多种方法对我国31个省(自治区、直辖市,不包括港、澳、台地区)2005~2013年税收与税源的背离程度进行了测算,但尚没有具体反映出各个区域实际移出或移入的税收收入数额。因此,为了弥补这块"空白",本小节现引入区域间税收收入背离额的估算方法。从理论上讲,区域间税收收入的背离额可以用生产总值平均含税量乘以地区生产总值总量来推算。所以,地区生产总值规模相当的省份分配到的税收收入应该相同,地区生产总值规模同税收收入规模呈同向变动关系。相关公式如下:

$$T_i' = \frac{\sum T_i}{\sum G_i} G_i, \quad B_i = (T_i - T_i')$$

其中,T_i 表示i地区的实际税收收入;$\sum T_i$ 表示税收总额;G_i 表示i 地区的地区生产总值量;$\sum G_i$ 表示地区生产总值总量;T_i' 表示i 地区理论上应分享的税收收入;B_i 表示i 地区的税收背离额。

下面就运用上述公式对我国31个省(自治区、直辖市,不包括港、澳、台地区)2005~2013年税收收入的背离量进行测算,测算结果如表5.6和图5.4所示。

表5.6 2005~2013年区域税收与税源背离额度表(单位:亿元)

省份	2005年	2006年	2007年	2008年	2009年	2010年	2011年	2012年	2013年
北京	1 579.7	2 148.9	2 772.0	3 560.6	4 298.2	3 980.3	5 041.5	6 026.0	6 987.1
天津	490.9	657.0	792.0	959.7	849.5	1 260.0	1 563.9	1 524.4	1 534.1
河北	−425.4	−512.7	−685.6	−718.1	−748.7	−873.3	−1 073.7	−1 165.7	−1 292.2
山西	112.1	133.3	155.0	282.0	249.4	168.8	167.6	205.4	83.1
内蒙古	−70.5	−113.7	−218.7	−288.0	−333.7	−304.5	−384.4	−546.9	−634.0
辽宁	−246.7	−371.6	−538.4	−660.7	−727.0	−815.9	−1 125.6	−1 117.8	−1 354.4
吉林	−97.6	−147.0	−240.7	−246.6	−257.0	−309.3	−346.5	−382.1	−366.3
黑龙江	−50.2	−50.6	−213.9	−190.3	−233.7	−350.7	−277.2	−285.4	−273.2
上海	2 253.0	2 628.5	4 518.2	4 391.4	4 329.6	5 337.1	6 460.1	6 890.6	7 178.8
江苏	165.4	141.5	248.3	324.9	473.1	631.7	849.7	744.2	745.2
浙江	−178.1	−194.8	−321.6	−228.5	−311.6	−475.3	−607.3	−641.3	−751.8
安徽	−203.7	−223.7	−313.7	−317.9	−324.2	−314.9	−397.7	−489.7	−521.7
福建	−312.6	−375.3	−547.9	−595.1	−659.0	−779.4	−957.4	−1106.9	−1 103.6
江西	−227.0	−281.7	−355.6	−411.0	−366.2	−385.7	−517.8	−508.8	−484.7
山东	−1 030.6	−1 236.0	−1 667.5	−2 006.1	−2 258.1	−2 386.3	−2 820.0	−3 176.4	−3 481.4

续表

省份	2005年	2006年	2007年	2008年	2009年	2010年	2011年	2012年	2013年
河南	−666.6	−783.3	−1 057.3	−1 288.0	−1 426.8	−1 757.5	−2 100.5	−2 287.6	−2 295.3
湖北	−228.5	−262.3	−429.3	−502.9	−594.4	−765.8	−1014.2	−1088.4	−1 093.1
湖南	−303.2	−380.2	−557.9	−727.4	−803.3	−1 041.5	−1 352.3	−1 470.3	−1 531.7
广东	−56.6	−193.7	−455.1	−367.3	−428.4	−272.3	−447.4	−510.2	−638.4
广西	−151.3	−206.1	−297.6	−371.4	−396.7	−460.4	−565.6	−567.5	−664.3
海南	−15.6	−14.4	12.1	52.0	88.2	154.7	222.6	239.1	210.2
四川	−295.8	−350.6	−478.6	−586.2	−594.5	−666.2	−799.3	−829.4	−804.6
重庆	−133.3	−146.1	−186.4	−226.4	−230.7	−178.4	−238.5	−309.6	−255.5
贵州	6.8	9.1	−13.7	−12.7	6.6	8.9	−21.9	−13.4	16.5
云南	200.2	237.1	270.2	347.6	381.7	472.7	519.0	626.9	629.5
西藏	−19.1	−24.1	−30.8	−32.1	−34.9	−30.7	−5.4	29.2	5.2
陕西	−59.4	−42.7	−88.1	−101.8	−29.8	8.9	28.0	−34.0	−168.4
甘肃	−44.0	−58.5	−64.2	−102.0	−17.9	−51.6	−78.0	−83.9	−141.3
青海	−14.7	−14.6	−21.6	−28.6	−6.3	−14.6	−23.8	−27.5	−20.6
宁夏	−6.2	−9.9	−20.9	−26.1	−21.0	−14.9	−26.1	−1.6	12.8
新疆	28.3	38.1	37.5	117.0	127.8	226.2	328.1	358.3	324.9

资料来源：根据《2006—2014中国统计年鉴》《2006—2014中国税务年鉴》《2006—2014贵州统计年鉴》数据计算

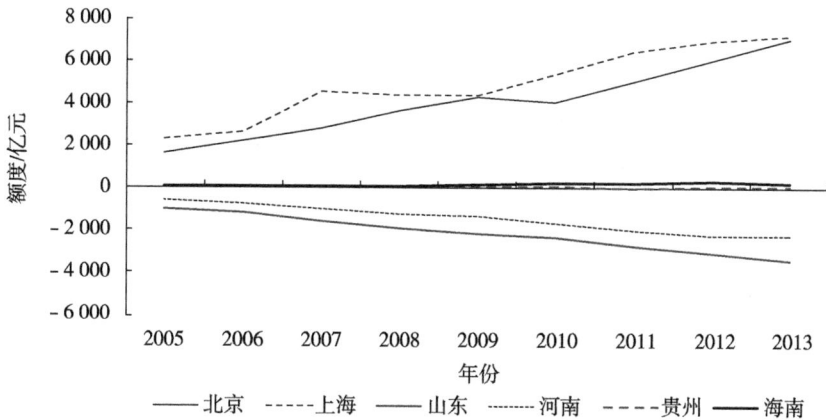

图5.4 部分区域税收与税源背离额度表

根据表5.6和图5.4显示，2013年共有11个省（自治区、直辖市）是税收净移入区域，税收收入移入前3名的分别是上海7 178.8亿元，北京6 987.1亿元和天津1 534.1亿元，上述3个直辖市的移入税收收入共计15 700亿元，占全部移入税收收入17 727.4亿元的88.6%。2013年共有20个省（自治区、直辖市）是税收净移出区域，税收收入移出前3名的地区分别是山东3 481.4亿元，河南2 295.3亿元和湖南1 531.7亿元，共计7 308.4亿元，占全部移出税收收入17 876.5亿元的40.9%。可以看出，上海、北京和天津是税收移入的最集中区域，也是税收横向分配不公的最大受益区域，移入这三个直辖市的税收收入分别占到它们实际税收收入的65.7%、67.4%和38.1%。而税收收入移出的区域就要相对分散一些了，除山东、河南和湖南外，移出数额较大并移出超过千亿的地区还有河北、辽宁、福建和湖北等省份。移出区域数量大、分布广、类型多，既有东部经济大省广东和山东，也有中西部欠发达地区江西和贵州。从图5.4宏观趋势上看，不管各区域税收是移入还是移出，税收与税源的背离数额呈扩大趋势，移入区域的税收加剧移入，移出区域的税收加速移出，连原本背离情况并不明显的省份，在近些年也出现了"开叉"（如图5.4中贵州、海南的折线图所示）的趋势，可见税收不公平问题已经刻不容缓，背离问题亟待解决。

5.2　区域间税收与税源的关系特点

通过上述5种方法的测算和统计，可以知道，我国31个省（自治区、直辖市，不包括港、澳、台地区）中，共有8个省份连续多年都是税收移入地，它们分别是北京、上海、天津、山西、江苏、云南、海南和新疆。这8个省份中，经济发达的东部地区就占据了5个（北京、上海、天津、江苏、海南），西部地区有2个（云南、新疆），中部地区有1个（山西），可见税收移入区域大部分还是集中在东部发达地区。其余的23个省份中，东部占据了6个（河北、辽宁、浙江、福建、山东、广东），中部占据了7个（吉林、黑龙江、安徽、江西、河南、湖北、湖南），西部占据了10个（内蒙古、宁夏、甘肃、青海、陕西、西藏、贵州、四川、重庆、广西），可见税收移出区域主要还是集中在中西部欠发达地区[①]。

税收移入区域虽然大都集中在东部地区，但东部5个省份的移入差异仍然较大。近9年来，以上海、北京两个直辖市的税收移入程度最高，当然，这也与其城市的经济地位和政治地位相关。上海的税收收入背离度一直在6.5%以上，平均每年移入4 887.5亿元，北京的背离度则一直在5.5%以上，平均每年移入4 043.8亿元。相较而言，天津和江苏的税收背离度就要稳定得多，平均分别维持在1.7%和0.7%左右，平均每年分别移入1 070.2亿元和480.4亿元。海南则是从2007年才开始成为税收移入区域，虽然其税收背离度不大，尚未突破0.3%，但始终保持着上升趋势，2007~2013年，平均每年移入139.8亿元，对于海南这个全国陆上面积最小的省份

---

① 本书所指的东、中、西部是根据不同区域社会经济发展状况来划分的。东部包括北京、天津、河北、辽宁、上海、江苏、浙江、福建、山东、广东、海南11个省；西部包括内蒙古、新疆、宁夏、甘肃、青海、陕西、西藏、云南、贵州、四川、重庆、广西12个省；中部包括山西、吉林、黑龙江、安徽、江西、河南、湖北、湖南8个省。

来说，意义重大。其余3个中西部税收移入省份的背离度比较适中，平均分布在0.2%～0.7%。其中，山西和新疆是资源和能源大省，平均每年分别移入173.0亿元和176.2亿元。云南有"有色金属王国"之称，既是资源大省，也是旅游强省，平均每年移入409.4亿元。

税收移出区域则主要集中在中西部地区，中西部移出省份数量占全部移出省份的73.9%。23个移出省份中，税收移出较多的有山东、河南、湖南、河北、辽宁、福建、四川7个省份。近9年来，它们的税收背离度均呈现出先增后降的趋势，而平均税收背离度都无一例外的超过了-1%，平均每年分别移出2 229.2亿元、1 518.1亿元、907.5亿元、832.8亿元、773.1亿元、715.2亿元和600.6亿元。税收移出相对适中的有内蒙古、吉林、黑龙江、浙江、安徽、江西、湖北、广东、广西和重庆10个区域，它们的平均税收背离度均在-1%～-0.3%。税收移出相对较小或者说移出不明显的有甘肃、陕西、西藏、青海、宁夏和贵州6个区域，它们有的年份移入，有的年份移出，但平均税收背离度几乎都在-0.1%以上。在它们各自所有的移出年份中，平均每年分别移出71.3亿元、74.9亿元、25.3亿元、19.1亿元、15.8亿元和15.4亿元。值得注意的是，这6个省份均属西部欠发达省份，税收背离度较小的情况与它们各自的经济发展水平不无关系。

为了从宏观上来比较，下面将东部、中部、西部的税收背离度进行计算整理，并用表5.7和图5.5来表示。

表5.7　2005~2013年中东西部税收背离度（单位：%）

地区	2005年	2006年	2007年	2008年	2009年	2010年	2011年	2012年	2013年
东部	8.0	7.9	9.0	8.7	8.3	8.1	8.0	7.4	7.4
中部	−6.0	−5.9	−7.0	−6.7	−6.7	−7.0	−7.0	−6.6	−5.9
西部	−2.0	−2.0	−2.0	−2.0	−1.6	−1.1	−1.0	−0.9	−1.5

资料来源：根据《2006—2014中国统计年鉴》《2006—2014中国税务年鉴》《2006—2014贵州统计年鉴》数据计算

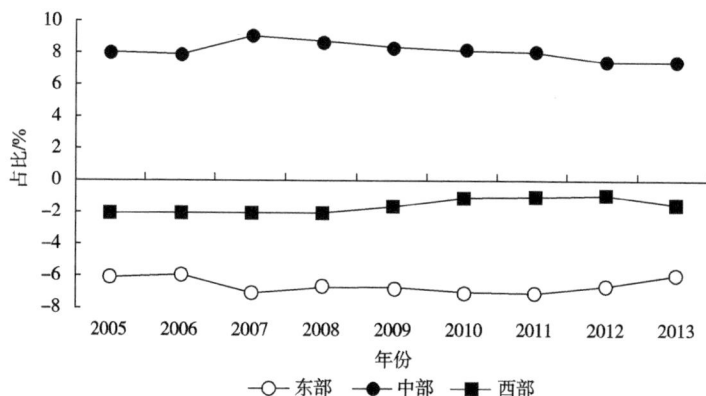

图5.5　2005~2013年中东西部税收背离折线图

　　从表5.7和图5.5可知，近9年来，东部的税收背离度为几乎维持在8.0%以上，是税收移入大区；中部的税收背离度位于-7.0%~-6.0%；西部的税收背离度处在-2.0%~0%，均为税收移出大区。这也说明税收转移的方向是从中西部向东部转移的。

　　东部税收背离的特点同中部的特点相似。东部在2007年达到税收移入顶峰，移入度为9.0%，中部同样在2007年达到税收移出顶峰，移出度为-7.0%。从2007年之后，东部的税收移入度开始逐年下降，到2013年已经降至7.4%。而中部的税收背离度从2007年后，又经历了降中有升、升中有降的趋势，震荡前进。相对而言，西部的税收背离度则要稳定得多，前4年均处在2.0%，从2009年开始稳步下降，到2012年已经降至-0.9%，2013年又上升为-1.5%，但总体移出力度很小。

　　为了更加直观的观察，下面将东中西部的税收背离额进行统计整理，并用表5.8和图5.6表示。

表5.8　2005~2013年中东西部税收背离额（单位：亿元）

地区	2005年	2006年	2007年	2008年	2009年	2010年	2011年	2012年	2013年
东部	2 223	2 677	4 127	4 713	4 906	5 761	7 106	7 706	8 034
中部	-1 665	-1 996	-3 013	-3 402	-3 756	-4 757	-5 839	-6 307	-6 483
西部	-559	-682	-1 113	-1 311	-1 149	-1 005	-1 268	-1 399	-1 700

　　资料来源：根据《2006—2014中国统计年鉴》《2006—2014中国税务年鉴》《2006—2014贵州统计年鉴》数据计算

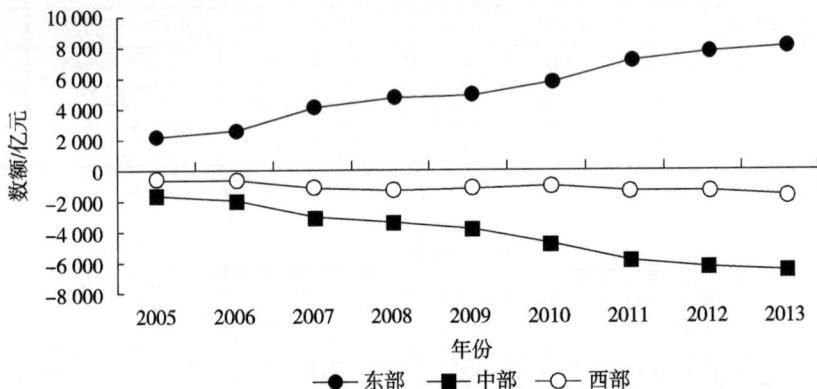

图5.6　2005~2013年中东西部税收背离额折线图

　　由表5.8和图5.6可以知道，近9年来，东部地区累计流入税收收入47 253亿元，中部和西部分别累计流出37 218亿元和10 186亿元。东部的税收移入额从2005年的2 223亿元增长到2013年的8 034亿元，增长了2.61倍。中部的税收移出额从2005年的1 665亿元增长到2013年的6 483亿元，增长了2.90倍。西部的税收移出额从2005

年的559亿元增长到2013年的1 700亿元，增长了2.04倍。虽然东中西部的税收背离度均在逐渐下降，但是，移入或移出的税收收入却一直在增加，这也与近年来各地区生产总值与税收收入的高速增长，经济总量和税收总量规模不断扩大有关。

通过以上数据的测算和分析，在一定程度上已经证明了税收收入移入区通常为发达地区，税收收入移出区通常为欠发达地区的一般性结论。总体而言，中部的整体经济实力和发展程度都要强于西部，但以目前的研究结果来看，中部的税收移出程度要远高于西部，背离情况似乎更加严重。不可否认，近两年中国经济增长速度明显放缓，很多地区已经步入了新常态增长阶段，而西部却成为了中国经济增长最快的地区，其2013年的经济增长速度已经达到10.62%，远超中央7.4%的经济增长目标。但我们必须清醒地认识到，这是由于西部经济总量小，税收收入少的现实基础决定的，与经济发达无关，反而在某种程度上反映了西部经济的不发达。西部近9年来，平均每年移出1 131.78亿元，相对中部省份的4 135.33亿元来讲，似乎并不多，但这已经比青海、宁夏、西藏3个西部省份2013年的总税收收入还多出185.98亿元，这意味着西部每年都将会有3个省份的税收收入全部流失。以贵州为例，其2011年的税收移出额达到顶峰，为21.9亿元，相对于其他数百亿甚至数千亿的税收移出大省来说，可能显得微不足道，但我们必须看到贵州人均地区生产总值排名全国最后一位，税收收入总量排名全国倒数第6位的省情，这移出的21.9亿元已经相当于2011年贵州省铜仁市（贵州9个地州市之一）的全部税收收入。

第 6 章

贵州省税收区域公平问题产生的原因

《论语》言"不患寡而患不均、不患贫而患不安"。从第5章实证分析可以看出，虽然贵州省每年的税收移出并不算多，但必须明白，即便是看似很小的税收移出幅度或税收移出额，对于贵州这类欠发达、欠开发，大幅度依靠中央转移支付的省份来说，其负面影响都是巨大的，是雪上加霜。"问题是接生婆，它能帮助新思想的诞生"。我们必须对贵州省税收与税源背离问题高度重视，对产生贵州省税收区域公平问题的原因进行分析，找出根源，对症下药。

6.1 税制设计是产生税收区域公平问题的制度基础

税制设计是指政府根据本国经济发展水平和财政需要，对税目、税率及征税范围等税制要素做出的抉择。可以知道，任何制度的顶层设计都不是完美的，而且都是随着经济发展和社会进步而不断调整和完善的。目前，我国在理论上确立了以间接税和直接税为双主体的税制结构，在税收归属权划分不清的背景下，流转税和所得税本身就会引起区域税收与税源的背离。因此，贵州省税收区域公平问题的产生是有一定制度基础的。

6.1.1 流转税税制内含了区域税收与税源背离

1994年的分税制改革不仅重新划分了中央和地方的财权关系，还确立了以流转税和所得税为主的双主体税制结构。但在税制的实际运行中，我国的税收收入还是以流转税为主，2013年的流转税额已占到了全国税收收入的56.52%。现行的流转税也被称为商品税，主要包括增值税、营业税和消费税这三大税种，这其中又以增值税为最大。例如，我国2013年的增值税收入为37 193.0亿元，占税收总量的34.07%；营业税收入为16 114.1亿元，占税收总量的14.76%；消费税收入为8 390.8亿元，占税收总量的7.69%。

增值税是指以从事货物销售或提供加工、修理修配劳务及进口货物的单位和个人取得的增值额为征收对象而征收的一种税，其税收主要来源于批发零售业和生产制造业[97]。我国税法规定，增值税按属地原则征收，扣除25%上缴中央财政的部分，其余75%均由销售地或生产地政府所有，并用于当地公共服务和公共产品的提供。增值税是间接税，属于税负易转嫁税种，工商企业虽为增值税纳税人，但其税收负担却是由最终消费地的居民承担，纳税人和负税人完全分离。从理论上讲，最终消费者承担了增值税税负，那么消费行为发生地的政府就该拥有增值税所有权，然而事实并非如此。在现行税制下，如果商品的生产和消费环节均发生在不同区域，就会产生增值税从消费地向销售地或生产地转移的现象。我国东部地区的生产制造业和批发零售业发展较早，且大量工商企业聚集，已经形成较为成熟的规模产业集群，生产出来的商品物美价廉，如义乌的小商品批发市场及被称为"世界工厂"的东莞制造业。所以，中西部大部分地区一直以来都是东部发达地区的商品消费市场，中西部消费者在最终消费时负担了增值税，而增值税收入的大额部分却归东部商品生产地政府所有，出现了税收区域分配不公平现象。这一现象在贵州表现得更为明显。以贵州省会贵阳为例，贵阳被称为是西部的"小香港"，但这并不是指其经济发展水平高，而是指贵阳的物价水平畸高，堪比香港。物价高主要是两方面原因导致：一方面是由于贵州的经济发展程度低，外面的企业尚不愿来此投资设厂，而其自身又缺乏能打入市场的品牌商品，所以只能依靠向外省买入；另一方面是由于贵州受自身地理位置和地理环境的制约，成为我国唯一一个不临江、不临海、不临边的内陆省份，加之省内地形以山地、丘陵、高原为主，缺少平原支撑，造成省内外交通皆不便利，致使运输成本增加，提高了买入商品的价格。商品的价格越高，贵阳消费者承担的增值税就越多，转移出去的增值税收入也就更多。

营业税是指对在我国境内提供应税劳务、销售不动产或转让无形资产的单位和个人所取得的营业额征收的一种劳务和货物税[98]。营业税按行为发生地征税，其税负转嫁程度比其他间接税要相对小一些，主要表现在给流动性人口服务的行业和地区当中。例如，在外地人口消费占比相对较高的住宿、餐饮、旅游、保健按摩等行业，营业税税负更多的是由外地人口承担，但营业税收入却归当地政府所有，由此形成税负输出，加剧了税收区域分配不公平现象。贵州属于西部欠发达地区，毫无疑问地成为了税负被输出地区。具体来讲：首先，贵州是劳动力输出大省，2013年劳动力输出达到了781.38万，占贵州总人口的18.4%[99]，形成庞大的常年在外务工消费群体。其次，贵州地处西南内陆，位置相对偏僻，省内又无一线城市，来贵州消费甚至购置房产、商铺的人少，省内居民更愿意走出贵州，去一线或准一线大城市消费投资。最后，旅游业是营业税税负输出最典型的行业之一，"留住游客，刺激消费"是各省发展旅游的最核心目标。前几年，有学者提议开征旅游税，就是希望把门票、餐饮、住宿、交通、购物等旅游产业链中的关键收入环节作为征税对象，进行税负输出，提高财政收入。虽然贵州的旅游资源相当丰富和优质，但相关机构和部门并没有将产业链进行延伸和完善。例如，贵州最著名的一条旅游线路是"龙宫—黄果树—天星桥"，但相关部门和绝大部分旅行团却仅将此线路安排为一日游（贵州大部分旅游线路均为一日游），造成游客走马观花看景点，匆匆地来又匆匆地去，不带走一点特产。如此一来，游客在餐饮、住宿、购物等服务环节的消费自然就少，营业税税负输出也就少。

由上述例子可知，我国现行的流转税税制本身就会导致税收收入由欠发达地区向发达地区转移，并间接导致区域税收收入差距和贫富差距不断拉大。在2015年"两会"上，财政部部长楼继伟表示今年将把金融、建筑不动产、生活服务业纳入"营改增"，这意味着我国将全面告别营业税。伴随这一改革的进行，税收与税源的背离问题将会更加明显。原因在于，东部沿海地区经济发达，是我国生产性服务项目的来源地，中西部欠发达地区则是生产性服务项目的消费地，随着"营改增"的全面铺开，欠发达地区不仅会减少税收收入，还要承担进项税额的抵扣，背离加大[100]。

6.1.2　企业所得税税制加大了区域税收与税源背离

企业所得税是指国家对境内企业和其他取得收入的组织的经营、生产和其他所得征收的一种税，以纳税人的企业登记注册地为纳税地点，是中央地方共享税[101]。我国企业所得税的汇总分配问题经历了一个渐进的改革过程，具体可以分为以下四个阶段。

第一阶段为1983~2001年。从1983年中央实施"两步利改税"开始，就一直以企业是否实行独立的经济核算作为企业所得税的纳税人标准。如果企业实行的是非独立核算，就将企业所得税统一汇总到总机构进行缴纳。在这一时期，只进行汇总纳税，但并未涉及税收区域分配，所以在事实上就已经形成区域税收与税源的背离。

第二阶段为2001~2008年。2001年国税总局下发了《关于汇总（合并）纳税企业实行统一计算、分级管理、就地预交、集中清算所得税问题的通知》（国税发〔2001〕13号文件）。为了保障分支机构所在地政府的利益，该文件参考了美国的合并纳税模式，又在母、子公司的纳税义务承担上参考了法国的方式，即合并纳税的子公司对其应负担的税额负有连带责任，所以，具有中国特色的汇总纳税雏形在该阶段基本形成[102]。虽然该阶段在一定制度层面上矫正了税收与税源的背离关系，但由于在税收实践中很难执行，仍然存在很多问题。

第三阶段为2008~2012年。2008年财政部、国税总局和中国人民银行联合印发了《跨省市总分机构企业所得税分配及预算管理暂行办法》（财预〔2008〕10号文件），明确规定由总机构统一计算当期应纳税额，总机构所在地分享25%，各分支机构分享50%，剩余25%在各地按一定比例进行分配，适用范围为总机构和具有主体生产经营职能的二级分支机构，很好保护了部分分支机构所在地政府的利益。但由于该文件对二级分支机构的认定标准不明，又规定分支机构不参加汇算清缴，补税和退税都与其无关，没有赋予分支机构所在地税务机关相应的检查权而使其监管处于"看得着却管不着"的状态，区域税收与税源背离问题仍未妥善解决。

第四阶段为2012~2015年。2012年财政部、国税总局和中国人民银行联合印发了《跨省市总分机构企业所得税分配及预算管理办法》（财预〔2012〕40号文件），明确了二级分支机构的定义，规定分支机构参加汇算清缴，补税额和退税额分别按照税款分摊比例在总机构和分支机构之间进行。不仅如此，该文件还明确了分支机构所在地税务机关可以单独对该分支机构进行税务检查，查补税款的50%由分支机构所在地入库，剩余的50%由总机构所在地入库。虽然该文件使税款分配进一步合理，但却仍只涉及二级分支机构，三级及其以下的分支机构仍需汇总到二级分支机构进行预缴，由于大型企业集团的二级分支机构通常会设在较为发达的省会城市，致使其他省会或市县一般就只设有三级或以下的分支机构，在现行规定下，这些城市就无法公平参与企业所得税的分配，区域税收与税源背离问题仍未得到妥善解决。

具体到贵州的情况来看，北京社会科学院中国总部经济研究中心发布的《2012年全国35个主要城市总部经济发展能力评估报告》，将这35个主要城市的总部经济发展能力划分为4个等级，贵州仅有贵阳一个城市上榜，处于第4等级，全国排名倒数第6位[103]。贵州省会尚且如此，省内其余8个地市州则更是缺乏有力的竞争力。因此，大型企业集团更愿意把总机构设在国内一线城市，将二级分支机构设在类似成都、重庆、杭州等这类二线省会城市或直辖市，而在贵州这类欠发达省份设立的就几乎都是三级及其以下的分支机构，它们的企业所得税就不得不汇总到片区二级分支机构而无法参与应有的税收分配，出现企业所得税移出现象。

6.2　企业跨区域经营是产生税收区域公平问题的重要条件

伴随着经济体制改革的不断深入，党的十八届三中全会提出"使市场在资源配置中起决定性作用"，让市场功能得到进一步发挥，资源流动更趋自由，配置更显优化。而企业作为市场中最活跃的细胞，为了实现成本最小化和利润最大化，更会"积极主动地"流向各个区域，自主成立分公司或分支机构，使跨区经营成为必然。然而现行税法规定，跨区经营所产生的税收（增值税、营业税、房产税、资源税、土地增值税和城镇土地使用税）按属地原则征收，即由企业总部所在地的税务机关负责征收，其他区域则不分享相应的税收收益。所以，在企业登记注册地和经营生产地不一致的情况下，税收与税源就会产生背离，使税收区域分配不公成为必然。

6.2.1　总分支机构导致的区域税收背离

在总分支机构条件下，企业都愿采取汇总纳税方式，因为这对企业的经营具有积极的作用。首先，总分支机构之间可以实现盈亏互抵，减少企业的当期税负。其次，总机构可以抵扣一些分支机构在独立纳税时无法抵消的支出，形成所得税永久性差异。再次，总分支机构之间通过内部交易形成的未实现利润能抵扣一部分，产生资金的时间价值，形成所得税时间性差异。最后，采取汇总纳税方式不仅符合现代税制的发展方向，更有利于集团企业的做大做强。因此，为了进一步理清我国总分支机构流转税汇总纳税的条件，整理出如表6.1所示的情况汇总。

表6.1　总分支机构流转税汇总纳税的条件

类型	不跨区域	跨区域
总分支机构	一个区域	两个以上区域
税收入库地点	一个区域	两个以上区域
税收征管	唯一	通常由总机构所在地税务机关受托管理，但在原则上多个区域均享有税收征管权
分支机构不具备法人资格	必须汇总纳税	经批准后可汇总纳税，也可不汇总纳税
分支机构具有法人资格	经批准后可汇总纳税，也可不汇总纳税	经批准后可汇总纳税，也可不汇总纳税
区域税收横向分配	不涉及区域横向分配问题	汇总纳税，则涉及区域横向分配；不汇总纳税，则不涉及区域横向分配
区域税收与税源	不背离	汇总纳税，分配合理，不背离，分配不合理，则背离；不汇总纳税，不背离

1988年，邓小平提出"两个大局"战略布局思想，使东部沿海地区率先迅速

发展起来，越来越多的投资者去东部投资，集团企业也纷纷将总部设在东部中心发达城市。例如，有超过3成的中国500强企业将总部基地设在北京、上海和天津，由此造成分支机构所在地产生的税收向总机构转移，但从税收转移的实际数额来看，情况还略有不同。由总分支机构汇总纳税造成的区域税收与税源背离对西部的四川、重庆、广西这类相对已经获得一定程度发展的省份影响较大，对贵州、青海这类相对更欠发达的西部省份的影响反而较小。原因在于，贵州的投资软、硬环境均远远落后于周边省份，对投资的吸引力度不大。2013年中国500强企业中，总部设在贵州的仅有两家，分别是茅台集团和老干妈集团，是贵州的本土企业。贵州在全国具有的比较优势就是丰富的劳动力和矿产资源，劳动力资源优势只是相对于东部省份来讲，丰富的矿产资源优势又受到喀斯特地貌的限制，目前开采难度大、成本高。因此，很多大集团企业只考虑在其省会贵阳设立分支办事机构，而把分支管理机构、生产厂房设在重庆、成都、昆明等周边经济相对更发达的城市。例如，7-11便利店至今都没有入驻贵州、可口可乐在贵州还没有设立分厂等。所以，我们从第3章的实证分析可以看出，似乎贵州、青海、西藏这类经济底子最差的省份的税收移出并不多，甚至在有些年份还出现移入现象，并不太符合"税收从落后地区向发达地区转移"的一般经济规律。这一方面是由于这些省份取得的税收收入本身就很少，而更重要的是在于大型集团企业来这些省份的投资太少，形成税源不多，移出的税收自然就相对要少。但事物是不断发展变化的，随着贵州经济实力的不断增强，未来到贵州投资的企业将会逐渐增多，其税收与税源的背离问题值得我们一直保持警惕。

6.2.2　企业跨区经营导致的区域税收背离

企业在生产经营过程中经常会有一些跨区域的经济活动，如管道运输、铁路运输、水电站建设和内河航运等，跨区域经营导致的税收属地征管及税收分配问题也随之产生。以水电站建设为例，我国地势西高东低，呈阶梯状分布，水电资源主要聚集在西部地区。随着国家"西电东送"战略工程的实施，西部许多省份逐步将水电资源优势转化成了经济优势，但经济优势并没有同步转化为本地财政优势，造成在水电资源的开发过程中，相关区域之间税收与税源出现背离，产生税收区域分配不公现象，这当中最为典型的案例当数三峡水电站。在贵州，较为典型的就是天生桥水电站，本章将以此为例，进行分析。

天生桥一级水电站和二级水电站共同构成天生桥水电站，它在空间上跨越了两个行政区域。1995年，天生桥二级水电站在贵州安龙县和广西隆林县的界河——红水河上建成投产，水电站管道工程和坝区横跨贵州和广西两个省份，但主要厂房和发输电设施布局在隆林县内；2000年，天生桥一级水电站在贵州、广西两个省份的界河——南盘江上建成投产，水电站主要工程横跨贵州和广西两个省份，电站厂房位于贵州省内，变电站则位于广西辖区内，但很显然，它们在空间上具有不可分割性，既不能完全归属于贵州，也不能完全归属于广西。天生桥一级、二级水电站的管理机构（简称水力发电厂和水力发电总厂）均在贵州兴义市内，都不具有法人资格，属于非独立经济核算的生产管理机构，它们各自的总机构（天生桥一级水电开发有限责任公司和中国南方电网有限责任公司）均设在广东广州市内，构成总分公司型总分机构，由此导致水电站在生产环节产生的税收大部分转移到总机构所在地政府。虽然国家已明确，具有一般纳税人资格的天生桥水电站应按增值税的适用税率计算出应纳税额，就地缴纳入库，并尽可能把税收收益留在发电区，以辅助当地经济发展。但在实际操作中因涉及相关区域的既得利益，总机构辖区甚至会凭借其强大的政治实力和经济实力以较高的分配比例强制参与税收分配，使资源辖区和总机构辖区在谈判协商过程中始终处于弱势地位，给问题的妥善解决带来一定难度。此外，国税总局还规定，要对电力输送产生的过网费（过网费由电网公司安装变电、换流设备和其他电力产品加工的人工投入及成本费用构成）征收增值税，但在贵州向东部各省输电过程中产生的过网费收入却总是由注册在贵州以外的电网公司取得，并向当地税务机关缴纳税收，再一次使税收与税源发生背离。据相关学者测算，仅企业所得税一项，贵州每年至少有 4 000 万元的税收收入转移到省外[104]。

虽然贵州对建设天生桥水电站的出资比例较小（贵州对天生桥一级、二级水电站的出资份额分别为5%和20%），但投资比例只能作为利润分配的依据，而不该作为是分税的依据。贵州作为"西电东输"工程中的电力输出大省，理应在电力生产、加工和销售等环节中获取较大的税收利益来补偿当地政府在移民安置、土地征用和治安维护中的各种费用及牺牲[105]。但上述问题的长期存在，使贵州省获取的税收收益与其承担的水电资源开发成本极不对称，税收区域分配不公的形势严峻。

6.3　初级资源产品定价是产生税收区域公平问题的重要推手

1992年，我国确立了社会主义市场经济体制的改革目标，随着改革的不断推进，社会主义市场经济体制在我国也已基本建立，商品价格由市场供需关系决定，但一部分初级资源产品除外，因为这部分初级资源产品的定价不仅关乎国计民生，更关乎国家长远发展的大局。例如，初级矿产资源产品是我国经济发展中不可或缺的战略性资源[106]，初级农产品是国民生活的必需品。为了防止垄断利润的形成和出于对稳定物价的需要，国家对许多初级资源产品实施了定价管理。但是，当这些初级资源产品进入市场或经加工进入市场流通后，在市场供求机制的作用下，它们的价格少则涨几倍，多则几十倍，使初级资源产品的真实市场定价同政府定价之间出现大幅度背离，并由此导致资源输出地的税收收益向资源输入地（销售地）转移，区域间税收与税源的背离关系严重，税收分配极为不公。

6.3.1　初级农产品加工程度不高造成的背离

农业是国民经济的基础，粮食是基础的基础。为了进一步支持农业发展，减轻7亿中国农民的负担，国家对农业生产者销售自己生产的农业初级产品实行免征增值税的税收优惠政策[107]。但从税收收入的范畴来看，它一方面减少了像贵州这类"农民大省、农业弱省"的税收收入（虽然这部分税收很少），但更为严重的是欠发达省份以非常低廉的价格把大量初级农产品输往其他农业加工大省或国外后，会因农产品的定价不同而导致大量税收收益向输出省份发生隐性转移，使欠发达省份本就吃紧的财政，雪上加霜。因此，发达的农产品加工业已经成为一个区域参与税收竞争的重要"武器"。那么，贵州农产品加工业的发展情况到底如何？

近年来，贵州提出"工业强省"的发展战略，使省内农产品加工业取得了一定发展，但由于贵州工业发展的基础差、底子薄，加之又受到科技水平和经济发展水平的制约，省内农产品加工度与全国平均水平仍有相当大的差距。2012年，贵州的农业总产值为1 436.61亿元，规模以上企业实现的农产品加工值达到1 292.97亿元，农产品加工业产值与农业总产值的比值为0.9∶1①。同年，全国农产品加工业产值与农业总产值的比值为1.9∶1[108]，贵州甚至还达不到全国水平的一半。此外，从另一组数据也可以看出贵州省农产品加工业同全国平均水平的差距。2011年，贵州农业总产值同全国农业平均总产值的比例为1∶2.2，而农副产品加工产业值同全国农副产品加工产业平均值的比例却被拉大到1∶9.3②。上述两组数据充分说明贵州的农产品加工业还有待发展，初级农产品的深加工程度不够，产业链条短，附加值比较低，由此导致隐性税收移出较多。表6.2进一步说明了上述这些问题。

---

① 本书讲的农业是指广义上的第一产业，包括农、林、牧、渔业的总产值；农产品加工值包括食品加工业、食品制造业、饮料制造业、烟草加工业、纺织业、服装及其他纤维品制造业、皮革毛皮羽绒及其制造业、木材加工及竹藤棕草制品业、家具制造业、造纸及纸制品业、橡胶制品业和印刷记录媒介·复制业12个产业的加工值，相关数据通过《2013贵州统计年鉴》计算而成。

② 《2013中国统计年鉴》缺失"农副产品加工产业值"该项数据，为了保持数据的完整性和可比性，统一选取2011年数据进行比较。

表6.2　2007~2011年贵州省农业总产值和农副产品加工总值同全国平均值的占比（单位：%）

年份	2011	2010	2009	2008	2007
农业总产值与全国平均总产值的比值	45.87	46.06	46.40	46.5	45.62
农副产品加工总值与全国平均总加工值比值	10.85	7.77	8.09	7.47	8.61

资料来源：根据《2008—2012中国统计年鉴》，《2008—2012贵州统计年鉴》，国家统计局官网（http://www.stats.gov.cn）相关数据计算而成

6.3.2　初级矿产资源定价造成的背离

目前，我国资源税的征税范围包括天然气、原油、有色金属矿原矿、黑色金属矿原矿、其他非金属矿原矿、煤炭和盐7种产品。这7个税目中，仅有石油、天然气、煤炭是从价计征，其他4类税目的资源税则沿袭了原来的从量计征，即根据开采量而不是根据开采价格来征税。大量企业在开采矿产资源时少有顾忌税收成本，纷纷采取成本最低的粗放型开采模式，使资源输出地的生态环境遭受到了难以抚平的创伤，造成了环境的巨大破坏和资源的极大浪费。开采之后却将一个"千疮百孔"的生态环境留给当地政府来修复，而地方又得不到应有的税收支持，使其财政负担过重，而力不从心，造成资源开发的不可持续性。资源输出地不仅享受不到应有的税收收入，还要承担本区域生态环境恢复的成本和义务，这就使本就存在的税收区域公平问题被进一步放大。

贵州虽然是老少边穷地区，但却是一个资源大省，磷矿、铁矿等储量在全国占有重要地位，其中煤炭资源储量居全国第5位，素有"西南煤海，江南煤都"的美称，是我国重要的能源续接地。随着贵州资源开发步伐的加快，资源开发规模也不断扩大，并推动着贵州经济迅速发展。但是，经济的快速发展和资源价格的不断攀高并没有使贵州分享到应有的税收收入，反而加剧了欠发达区域税收与税源的背离，老少边穷地区贫穷落后的现状没有得到根本上的改变，这都是由初级矿产资源产品定价机制所造成的，下面将以煤炭资源为例进行分析。

近些年来，煤炭等矿产资源的价格仍未彻底完全实现市场定价，这种非市场定价的影响，造成贵州与煤炭资源有关的税基流失，减少了税收收入。2011~2012年，贵州共输出原煤7 033.98万吨，销售价格分别为590元/吨、620元/吨。同期，国外原煤在中国的FOB价（free on board，即离岸价）为694.43元/吨、628.52元/吨。若把进口国外原煤的FOB价作为市场价，贵州2011年和2012的原煤价格分别比市场价低了104.43元/吨、8.52元/吨[①]。依此计算，两年间，贵州因原煤非市场定价造成的税收流失共计13.84亿元，税收移出严重。相关数据如表6.3所示。

---

① 本书将FOB价作为市场价，一是因为进口原煤的价格由市场决定，二是因为FOB不含运输成本，进口的原煤和贵州的原煤照样要运到销售地，形成运输成本，具有可比性。

表6.3 贵州省原煤非市场定价造成的税收向外省转移额

年份	煤炭输出量/万吨	贵州销价/（元/吨）	FOB价/（元/吨）	单位差价/（元/吨）	增值税背离/亿元	所得税背离/亿元	背离合计/亿元
2012	4 221.14	620	628.52	8.52	0.611	0.899	1.51
2011	2 812.84	590	694.43	104.43	4.99	7.34	12.33
合计	7 033.98				5.601	8.239	13.84

资料来源：根据《2012—2013中国统计年鉴》，《2012—2013贵州统计年鉴》，《2013中国统计摘要》，中国电煤网（http://www.dm3.com.cn）相关数据计算而成

　　2014年10月11日，财政部、国税总局联合发布《关于实施煤炭资源税改革的通知》，通知决定从12月1日起，对煤炭资源税实施从价计征。从实施后的效果来看，不仅增加了税收收入，发挥了税收的价格杠杆作用，也在一定程度促进了资源的合理开发与利用，但本次改革各省税率不一。例如，内蒙古的煤炭资源税率确定为9%，山西为8%，贵州为5%，说明相关利益方博弈激烈，煤炭资源税改革仍处在"摸着石头过河"的阶段。此外，国家有关部门对于铁矿、磷矿等重要矿产的资源税改革仍未提及，这些矿产资源的开采交易仍存在上述所说的非市场定价造成的税收背离问题。

第 7 章

逐步解决贵州省税收区域公平
问题的建议

哲学家罗尔斯曾说过"社会公正应该是有利于最不幸者"[109]。近年来，我国地方政府的事权逐步扩大，但中央并没有建立与地方事权相匹配的财权，反而随着"营改增"试点业务的扩大，地方财权开始"缩水"。很多地方政府，特别是像贵州这类欠发达地区地方政府的财政早已是捉襟见肘，甚至入不敷出。据审计署2014年审计结果显示，贵州有偿还责任债务为4 622亿元。"土地财政、债务危机"等情况早已屡见不鲜。加之税收与税源的背离现状又造成欠发达地区的税收移出，使其本就左支右绌的财政更是岌岌可危，进而导致欠发达地区部分公共物品供给不足，发展缓慢。因此，解决贵州税收区域公平问题，主要就是要解决税收与税源的背离问题。在这个方面，许多发达国家已经有一些好的政策和措施经验，值得我们借鉴。另外，也要从我国地方政府尚不具备税收立法等相关权力的实际情况出发，以中央统揽全局的顶层调节为主，地方具体而微的加强管理为辅，立足贵州省情，逐步解决好贵州税收区域公平问题。

7.1　国外实现税收区域公平的政策启示

区域税收分配问题不仅关系到区域之间的协调发展，还关系到一个国家的安定团结和长治久安，然而，不同国家选取的财政模式又不尽相同。目前，世界上绝大多数国家主要选取了以下三种财政模式：一是中央集权制国家下的财政集权模式，以英国为典型；二是联邦制国家下的财政分权模式，以美国为典型；三是联邦制国家下的财政集权分权兼顾模式，以德国为典型。虽然这些发达国家选取的财政模式不同，但它们都通过一些税收分配政策很好地解决了区域税收与税源背离问题，下面将着重对这些国家的先进经验进行介绍和总结，提供借鉴。

7.1.1　典型发达国家的税收分配机制

1. 美国实现税收区域公平的方法

美国财税体制的分权比较彻底，联邦、州、地方三级政府都拥有独立的税务系统、本级的税权和固定的税源。联邦政府以个人所得税和社会保障税为主，州政府以销售税为主，地方政府以财产税为主，三级政府对一些主要税种（社会保障税、所得税）都有征税权。州和地方政府可以依据本区居民的偏好来确定支出，并据此决定税率的高低，拥有较大的自主性税权。在州际税收分配方面，美国建立了州际税收竞争规则，用双层司法体系减少地区间税收竞争的尺度；建立州际税收协调机制，用州际税收协定形成各州之间的合作，用税收协调机构来调节州际税收协定未涉及的税收纠纷和争端。在企业跨区域经营的税收分配方面，美国把税基分配作为基础，采用三种方法进行分配：一是审核法。美国对跨区经营企业的汇总纳税申报有相当严格的条件限制，对于不满足汇总纳税条件的企业，其在不同区域的经营行为将被视为独立的企业经营，分别核算税基。二是分配法。美国用这种方法来核算公司子公司的收入和分配情况。例如，把子公司的利息和红利从经营所得中分离出来，并分配给公司总部所在州。三是公式法。这是美国运用最普遍的一种方法，主要通过公式的设定来分配税基，公式中最主要的三个因素为企业在该州的销售份额、财产份额和工资份额。

2. 德国实现税收区域公平的方法

德国的财税体制兼顾了集权与分权，实施以共享税为主、专享税为辅的三级分税制，是欧盟联邦制国家的典型。财政平衡理论是德国基本法中相当重要的一项条款，联邦政府通过横向财政平衡、纵向财政平衡等手段，实现均衡分配财力的目标。其中，横向财政平衡是德国财政平衡内容中的核心，具体可分为三步实施步骤：第一，平衡增值税收入。将州一级政府超过75%的增值税部分按州居民人口直接进行分配，剩余的25%则用于各州的财政平衡。其分配依据是增值税由最终消费者负担了，75%部分理应按人口进行分配。25%的增值税部分以各州人均税收作为基础进行分配，能提升贫困州的财政能力，是一种平衡非对称性分配。第二，平衡财力水平。首先，测算各州财力指数，以此衡量各州税收水平。其次，测算各州财政平衡指数，即测算该州需要多少财力才能达到全国人均支出水平。对于人口密度大，公共支出多的州提供财政平衡修正指数。最后，将各州财政平衡指数和财力指数进行对比，确定各州之间财政转移支付的数量。第三，联邦补助。该补助是德国政府对贫困州的专项补助，用于各州之间财力的平衡。对于企业跨区域经营的税收分配方面，德国采用税收分解法。市镇财政局对企业员工征收的工资税（个人所得税）要据实划入纳税人第一居住地（家庭所在地或配偶和孩子居住地）的财政局①。公司所得税（企业所得税）由总公司交给当地财政局，并由当地财政局将归属各分公司的公司所得税进行分解，划归给不同分公司所在地的财政局。

3. 英国实现税收区域公平的方法

英国的财税体制高度集中，除个人居住用的房产税是地方税外，几乎所有税种都是中央税，主要包括所得税、增值税、国民保险税、石油税等。中央根据财政支出横向和纵向平衡原则，按照大区、郡、区三级行政层级采取地方补助和专项补助，实施转移支付。地方补助是指中央对核算出的地方总支出与地方税收收入的差额进行补助。专项补助是指用于地方治安维护、生态保护和公共服务等项目的资金。英国对地方实行收支统一管理，中央对地方收支计划进行审批时可以对其支出进行限制，再通过以上两种补助方式，确保地区间公共产品供给能力的均衡。对于英国来说，几乎不存在区域税收分配问题。首先，在高度集中的财税体制下，几乎所有税收都归中央政府所有，唯一属于地方的房产税，其征税地点也十分明确清楚，在体制上就不存在税收与税源背离问题。其次，英国已经形成比较完善的转移支付制度和公共财政体制，能均衡且较好地保障各区域的公共服务供给能力。最后，英国的地方政府只管支，不管收，收、支之间没有太大联系，地方政府和地方市民自然也就不关心区域税收分配问题。

7.1.2　国外的税收分配原则

1. 税收归属权的分配原则

财政联邦制是税收归属权的分配基础，是指如何把财政和税收在不同层级政府间进行分配的体制[110]。多年来，国外专家和学者一直致力于探索联邦制国家最优的税收分配结构。目前，西方理论界比较赞同的是马斯格雷夫的税收分配原则。马斯格雷夫认为，中央政府对与再分配密切相关的累进税制，对分配不均的税基拥有统一征税权；地方政府可以按分配比例对在区域间流动的税基征税；中央主要负责征收用于稳定政策的税收，地方主要负责征收循环稳定的税收；对于使用

① 德国大城市中心附近存在着许多的小城市。这些小城市通过优良的居住环境，吸引那些在城市工作的人去安家，这样就能得到更多的工资所得税分解部分。得到的税收越多，小城市的发展就越好，从而形成城市布局的良性循环。

税和收益税，各级政府均可以共享。从理论上讲，上述分配原则可能是最具税收效率的，但它没有考虑政府横向和纵向的转移支付，以及中央和地方财权与事权的划分等现实问题。事实上，许多西方国家的各级政府都拥有一定独立的主体税种和辅助税种，共同构成比较完善的税收体系。例如，美国联邦政府以所得税和社保税为主，州政府以销售税和烟酒税为主，地方政府以财产税为主；日本将按能力原则（国民经济能力）课征的税种划归中央，主要包括消费税、所得税、财产税等24个税种，将按利益原则课征的其余21个税种划归地方；澳大利亚联邦政府以所得税、消费税为主，市州政府以土地税和市政税为主。从各国税收划分的实践来看，设置的共享税越少越好，但由于各国的国情和财政需要不同，情况也各有不同[111]。

2. 税收管辖权的分配原则

税收管辖权的概念最早在国际税收领域中被提出，是指某个国家在一定范围内所拥有的税收管理权力，它体现了一个国家在一定税收领域中的主权，具体包括居民税收管辖权和收入来源地税收管辖权[112]。前者是指一国以它所管的人和组织为范围，包括居民、公民、企业、社会组织和团体，对其行使税收管辖权。后者是指一国对与本国有经济源泉关系的一切财产和所得行使税收管辖权，不管财产拥有者是否为本国居民，只要其一切所得来源于该国境内，该国政府就有权对其征税[112]。目前，世界上绝大多数国家对两种税收管辖权都采取并用原则，以期能实现本国税收利益最大化，但随着全球经济一体化进程的加快，纳税人所得也愈趋国际化，为了不影响纳税人跨国经营的积极性，大部分国家都采取了抵免法和免税法两种方式来避免国际重复征税，兼顾投资国和所得来源国双方的利益。但是，要对国内各个区域的税收管辖权进行分配却存在以下几个难题：一是在技术上很难明确界定和划分各个区域的人员和组织，而且这种做法会限制要素的流动。二是一个国家内部区域之间，收入来源地经常存在交叉，十分难以区分和辨别。因此，西方国家最普遍的做法就是让区域之间形成税收管辖协议或是设立税收协调机构来负责沟通协调。

3. 税基归属权的分配原则

税基归属权是一种明确税收归属方的权利，它包括间接税税基分配和直接税税基分配两个方面。间接税税基分配原则主要包括税收来源地和目的地两个原则，两者的适用范围各不相同。税收来源地原则是指对一切能产生经济利润的生产经营地（生产地、批发地、零售地等）进行征税的分配原则。但由于区域之间可能存在实际税率不同的情况，企业通常会进行税收筹划来调节商品在不同流通环节的价格，导致不同区域获取的税收也不同。目的地原则是指只对销售（劳务）行为的最终消费发生地征税，对生产、流通等中间环节不征税。它的优点在于避免企业因存在区域税负差别而选择不同生产经营地点扭曲投资方向的现象，提高了税收效率，使纳税人和负税人得到了统一。而在税收来源地原则下，地方政府会为了增加地区生产总值，而使出各种手段吸引资金，既扭曲了市场，使纳税人和负税人出现不一致的情况，还背离了税收中性原则。所以从纯理论上看，目的地原则要优于税收来源地原则，但在运用前者进行国内税收分配时存在不可操作性，原因有两点：一是如果各个区域都保持自己的财政边界，就会妨碍国内统一大市场的形成，增加商品的流通成本；二是在现行货币流通机制下，税务部门很难区分商品是中间购买行为还是最终购买行为，也很难计量以现金交易方式为主的应纳税销售额。再来看直接税税基（主要指所得税）的分配，目前，世界上绝大多数国家普遍采用公式法在区域间进行税收分配。例如，加拿大把销售份额和工资薪金份额作为两个主要的分配因素；而美国则把销售份额、工资薪金份额和财产份额作为主要的分配因素。由于每个国家的具体国情不同，它们在因素选取、权重确定、资产计量等问题上又各有不同。

7.1.3　解决税收区域公平问题的启示

正所谓"他山之石，可以攻玉"，虽然我国是世界上仅存的五个社会主义国家之一，与西方资本主义国家在生产关系和上层建筑上有本质的区别，但在解决区域税收公平问题上，西方国家已有很多成熟的做法，先进的措施和宝贵的经验值得我们研究和学习。具体启示有以下四点：第一，要真正重视区域税收公平问题。从财税体制上看，我国更加接近于德国，属于集权分权兼顾型财税体制。但德国相当重视区域税收的公平分配和区域公共服务的均衡供给，它将财政平衡理论作为基本法的重要条款，把横向财政平衡理论作为财政平衡理论的核心内容，为区域税收公平分配和区域公共服务均衡供给奠定了法制基础，提供了法律保障。近年来，我国也逐渐开始注重追求税收公平目标，但仅限于对居民收入分配和再分配层面的调整，而区域税收横向分配问题却长期得不到重视。虽然国家已明确提出"要调整中央和地方政府间的财政分配关系"，但由于缺乏相关具体的指导性措施，使我国区域税收与税源背离问题仍长期得不到解决。此外，虽然我国也提出要实现公共服务均等化的目标，但并没有像德国一样把该目标上升到法律层面，缺乏有力的法治保障。第二，要设立税收协调机构。美国在处理州际税收分配问题上建立了州际税收竞争规则，让各州之间形成州际税收协定，并成立专门税收协调机构来调节州际税收协定未涉及的税收纠纷和争端。而我国在处理区域税收与税源背离问题上并没有成立专门的协调机构，大部分都是由中央政府"一案一裁"，也没有让区域之间形成公平稳定的税收协议，而是由地方政府凭借各自政治和经济实力进行多边谈判，严重影响了区域税收分配的可遵循性和统一性。第三，要在制度上规范汇总纳税行为。美国对申请汇总纳税的企业设有相当严格的条件限制，对于不符合汇总纳税条件的企业，其跨区经营行为将被视为独立的企业经营。我国对这方面的规定是"对于符合条件的企业，经批准后可以进行汇总纳税"，但又没有设定具体明确详细的条件，在制度上就比较模糊，主观随意性较大。第四，要加大对欠发达地区的税收倾斜力度。美国在西进运动中把税收更多留在了西部，帮助其发展；德国每个州都设立了财力指数和财政平衡指数，对于财力指数达不到财政平衡指数的州，可以从平衡基金中得到补助。对于财力指数大幅超过财政平衡指数的州，要将其大幅超过部分的70%财力转移给贫困州。虽然我国每年对西部欠发达省份的转移支付也比较多，但在区域税收分配问题上，并没有更多关注欠发达地区的税收移出问题，在税收分配政策上给予的支持并不多。

7.2 促进贵州省税收区域公平的政策建议

我国历来都很重视区域之间的协调发展问题。1956年，毛泽东在《论十大关系》中提出要处理好"沿海工业和内地工业的关系"。1988年，邓小平提出"沿海地区要加快对外开放，较快地先发展起来，发展到一定时候，拿出更多力量帮助内地发展"。2006年，国家又提出"推进西部大开发、促进中部崛起、振兴东北老工业基地、鼓励东部继续率先发展的区域总体战略"，并把区域协调发展机制作为全面建成小康社会的重要目标，而促进税收区域分配公平就是实现这个目标的关键所在[113]。随着我国经济的发展，贵州等欠发达省份同东部发达省份的差距已是越来越大，然而受税法规定不明、税制改革不彻底、地方政府事权和财权划分不清、地方利益固化等因素的影响，由区域税收与税源背离问题导致的欠发达地区税收移出问题更是迫在眉睫，亟待解决。但是，建立规范化的税收区域横向分配制度的涉及面很广，是牵一发而动全身的改革，因此，在制度设计层面绝不能一蹴而就，必须循序渐进。而贵州及其他欠发达省份就要因时而变、随事而制，积极发挥主观能动性，出台一些具有可操作性的规则和措施，尽量减少本地税收收入的移出。

7.2.1 从制度上完善税收横向分配

我国现行税法中，税制要素包括纳税人、负税人、征税对象、税目、税率、计税依据、减税免税、纳税期限、纳税环节等[114]，但并没有包括税收收入归属权，这可以说是当前我国税收理论和实践的重大缺陷。因为当时我国实行的是计划经济，在统收统支的财税体制下，地方政府的收、支关联不大，也不关心税收的归属问题，便没有从税收立法上考虑税收横向分配问题，所以，我国目前的几个大税种多多少少都存在税收与税源背离问题。

1. 建立税收归属权制度

在社会主义市场经济条件下的今天，流转税在不同区域间进行转移乃是不可避免的。一方面，流转税的征税对象为流转额，而生产要素的流转并非局限于某地而是自由的，税基就会跟随生产要素发生同向流动，引起区域间税收转移。另一方面，地方政府税收竞争的激烈，加剧了这种税收转移的发生。从纯理论上讲，若将现有的几大税种全部统一为中央税，即学习英国对地方实行收支统一管理的模式，便可直接避免地方政府的税收竞争，也就不会存在区域税收与税源的背离问题。但从现实角度考量，这其实是回到了计划经济时代"统收统支"的管理模式，既不利于提高地方培养税源的积极性，也淡化了地方对税收的贡献，不符合受益原则。我国应把受益原则作为指导思想来处理税收归属问题，谁支付、谁受益，减少"免费搭便车"的现象[115]。从国际税收的管理角度来讲，一个国家的流转税和所得税可以按目的地和来源地两种原则征收，目的地原则即指对进口产品征收同本国类似产品承担的税，出口产品免税；来源地原则即指对出口产品征收同出口国类似产品承担的税，进口不征收[116]。很显然，如果能将我国流转税和所得税按目的地（消费地或行为发生地）征收变为按来源地征收，就能在较大程度上避免税收与税源背离问题，保持税收与税源的一致性，把对经济的扭曲程度降到最小。

2. 完善区域横向分配制度

分税制改革至今已二十余年时间，总体上运行良好，为我国的繁荣富强提供了强大的制度支持。因此，规范区域税收横向分配宜在现行财税体制的框架内在进行。如果将几大税种全部划归中央，就会与现行分税制相悖；如果对流转税和所得税按来源地原则征收，又大幅提高税收征管难度和征管成本。因此，上述两种方法在现行背景和条件下并不是最优选择。如果现阶段在税收环节不能实现区域税收的公平分配，那么在财政分配环节就应该进行人为干预和指导，财政分配就成为消除或减少背离的最关键环节。财政分配包括纵向和横向分配，财政纵向分配即指财政转移支付，由分配部门集中待分配资金，再按一定方式分配到各个区域。纵向分配要注意以下两点：一是要科学设定分配系数。分配部门要充分考虑各个区域的经济发展水平、贫富程度等因素，对欠发达地区要专门设置分配系数，区别对待，防止"熟人吃好肉，生人吃骨头"的不合理现象，避免在分配过程中出现新的背离。二是要提高财政分配效率。尽量减少各部门各环节的行政审批环节，打破部门利益藩篱，用公开透明的分配方案杜绝"跑部钱进"的行为，提高财政分配效率。财政纵向分配的主要功能旨在解决区域公共服务供给均等化问题，但并不是保持税收与税源一致性的有效方式。财政横向分配制度建立在我国还处于摸索和研究阶段，而德国在这方面已经积累了相当丰富的经验[117]。财政横向分配是指区域政府间通过财政资金的协商往来，解决区域之间可能存在的利益问题。毫无疑问，税收与税源背离问题就是我国区域之间存在的重大利益分配问题，而建立财政横向分配制度是解决背离最直接有效的方法。1996年，中央在扶贫开发会议中确定了"对口帮扶"政策，其本质就是一种财政横向分配，但要真正达到上述效果，还需国家在制度设计上进一步完善和创新，处理好中央与地方，地方与地方之间的关系。

7.2.2　完善跨区域经营管理机制

随着我国社会主义市场经济的发展，跨区经营的企业越来越多，汇总纳税现象越发普遍，税收与税源背离问题尖锐。2012年6月20日，财政部、国税总局、中国人民银行联合印发了《跨省市总分机构企业所得税分配及预算管理办法》（财预〔2012〕40号）的通知（简称《办法》），进一步完善了跨省市总分机构企业所得税收入的征缴和分配管理工作。《办法》明确提出要按"统一计算、分级管理、就地预缴、汇总清算、财政调库"的处理办法，兼顾总机构和分支机构所在地利益[118]，使区域税收分配进一步合理，但《办法》中仍有一些问题尚未得到妥善解决。一是《办法》已明确提出总机构和二级分支机构所在地的税收分配方案，但规定三级及其以下分支机构的资产总额、职工薪酬和营业收入要统一并入二级分支机构计算，使三级及其以下分支机构所在地的税收收入转移到二级分支机构和总机构所在地，出现税收与税源背离。二是《办法》规定对中石油、中石化、中海油等18个大型国有企业总分机构缴纳的企业所得税要全部上缴中央，暂不实行本办法。众所周知，大型国有垄断企业的利润巨大，对地方资源消耗也极大，2013年国有企业实现利润2.4万亿[119]，然而这部分税收收益地方却无法分享，造成税收与税源背离。所以，在国家法律政策层面，要继续完善三级及其以下分支机构所在地的税收分配机制，完善大型垄断企业对地方的税收分配机制，逐步解决好税收与税源的背离问题。

对于贵州地方层面来讲，可以从以下几个方面积极发挥主观能动性：第一，要加强贵州的谈判效率。目前，我国尚没有专门的机构负责协调税收区域公平问题，区域政府间自发形成的谈判制度便成为解决背离问题最直接有效的方法。受政治实力和经济实力的影响，贵州在谈判中长期处于劣势地位，即便如此，也要尽最大努力争取本区域的合理税收收益。以贵州作为资源辖区"有税源无税收"的事实为依据，摆事实讲道理；以国家要求把税收尽量留在资源辖区的规定为准绳，按政策要求办事。若多方谈判无果，还可以邀请中央相关部门，以税法和协调规则为根据，做出公平、客观的裁定。第二，要加强对就地预缴的管理。就地预缴是指税源地为避免税收向总机构所在地转移，就地对非独立核算的分支机构预征税款，再由总机构所在地进行结算，实现与税源地的税收分配。贵州可采用两种方法预征，一是固定预征法，即把企业分支机构在贵州实现的销售收入乘以预征率便可得到应纳税额，该方法优点是简单便捷，缺点是不够灵活；二是比重预征法，即由总机构统一核算应纳税收，再按各分支机构的销售比重来进行分配。该方法优点在于税款分配灵活公平，缺点在于总分机构所在地的信息不对称，征管难度大。第三，要加强对企业关联交易计税价格的控制。例如，贵州某公司总部对上海关联公司的产品销售价要低于该产品的购进价，就会造成增值税转移到上海。对于这种情况，贵州的税务部门要积极调查，并对相关企业采取调价措施，保证税收与税源的一致性。

7.2.3　改革初级资源产品定价机制

由初级资源产品定价造成的贵州省税收与税源背离问题主要包括两方面：一是初级矿产资源定价造成的背离；二是初级农产品加工程度不够造成的背离。我们先从初级矿产资源来分析解决。煤炭、稀土等初级矿产资源属于国家战略资源，直接影响我国的工业化进程和经济安全，具有准公共品性质。所以，国家对其生产、价格进行一定程度的控制上是具有充分合理性的（如果仅对生产产量进行控制）。问题是贵州等西部省份已经掉进了"资源陷阱"，即资源优势不仅无法转变为经济优势，还无法转化为税收优势[120]。一方面，贵州从资源开发中获取的收益根本无法弥补因此导致的生态破坏和环境污染。另一方面，初级矿产资源非市场定价的影响，导致贵州省税收收入移出，资源开发对贵州的税收贡献很小。因此，尽快理顺初级矿产资源的价格既有利于国家发展目标的实现，也有利于解决贵州省税收与税源背离问题。具体方法如下：一是引进价格竞争机制，与国际接轨。要充分发挥市场在资源配置中的决定性作用，实现市场价格机制的自我调节，形成初级矿产资源的最优价格。二是继续推进资源税改革，开征环境税。要扩大目前资源税从价征收的税目范围，逐步提高征税标准；根据谁开采，谁负责，谁污染、谁治理的原则对企业开征环境税，形成对地方治理环境和生态恢复的补偿机制。资源税税率的提高和环境税的开征能增加企业的开采成本，提高初级矿产资源的价格，为解决贵州省税收与税源背离问题奠定基础。

对于初级农产加工程度不够导致的背离，贵州省要千方百计延长本省农业产业链条，构建农产品种植、收购、加工、销售等环节无缝对接的高效农业加工产业体系。这样既可以最大限度享受国家对农业生产者自产自销初级农产品的免税政策，又可以实现农业生态加工与经济发展的有机结合，还能扭转贵州省税收收入隐性流出的态势，对于实现贵州省税收区域公平有重要的积极意义。无论从贵州省农业发展的优势来看，还是从农产品加工市场的广阔前景来看，贵州省都处在"黔力无限"、大有作为的时期。因此，要解决好贵州省税收与税源背离问题，就要提高初级农产品的加工程度，贵州省需要从以下几个方面进行努力：一是要坚持走特色农业发展道路。贵州要强化农产品加工业的主体培养，强化加工设备的配套，强化加工技术的科技支撑，强化农业资源的整合，走出一条符合贵州省特色的农业发展新路径[121]。二是要努力打造"烟、酒、茶、药、旅游"5张名片。贵州省要着力把优势特色农业做大做强，实现农产品加工业的规模化、产业化和专业化发展。三是要加快100个现代高效农业示范区的建设（5个100工程）。农产品加工业的根本出路在于科技，贵州要争取建立"一个园区、一个专家、一套方案"的科技指导机制[122]，因地制宜地探索农牧结合、农渔结合、林牧结合等生态加工循环模式，丰富园区产业加工内容，提高加工农产品的综合经济效益。四是要加大对特色农产品加工业的扶持力度。贵州省要尽早制定"十三五"期间农产品加工业的发展规划和发展目标，加大对特色农产品加工业的投资。由政府牵头，举办大型农产品展销会，并在省内外实体大型商场和网上虚拟超市设立"贵州特色农产品"专柜，全面提升贵州省特色农产品的品牌宣传。

第 8 章

贵州省内九个地州市之间税收
区域公平状况分析

前文主要是对贵州省相对全国的税收与税源背离的问题进行的较为系统的分析,并主要分为东部、中部、西部来探讨全国总范围内的税源与税收的背离。但是,仅仅从全国范围分析贵州的税收与税源背离的情况仍然不够完整,无法呈现贵州省内税收区域公平问题的全貌,如涉及省内地区之间税收分配问题处理的好不好,财力发展与经济发展的联系程度怎么样,区域之间的税收与税源是否真的存在背离,以及背离的程度如何,都是无法具体判断的。因此,本书还通过对贵州省内九个地州市之间的税收与税源背离情况进行量化分析,来了解贵州省内各地方税收与税源背离的具体细节。

8.1 贵州省内各地州市税收与税源背离关系的测算

与前文的统计方法一致,本部分还是采取全部税收收入为统计口径来研究区域税收与税源背离问题。下面就以此口径对贵州省内九个地州市的税收与税源的关系进行测算分析。

8.1.1 区域税收与区域生产总值占比比较法

贵州省内各地州市税收与税源背离程度的测算可以用区域税收总量与全省税收总量的比值减去地区生产总值总量与全省生产总值总量的比值来衡量。如果差值大于零,则表明该地州市是税收净移入地;如果差值小于零,则表明该地州市是税收净移出地，而这两种情况都说明该区域税收与税源的关系是背离的；如果差值恰好等于零，则说明该区域税收与税源的关系均衡，不存在背离。具体公式如下：

$$S_i = \frac{T_i}{\sum_{i=1}^{n} T_i} - \frac{G_i}{\sum_{i=1}^{n} G_i}, \quad i=1, 2, \cdots, n$$

其中，T_i 表示 i 地区的税收收入；G_i 表示 i 地区内的生产总值总量。下面就运用上述公式对贵州省内九个市地州市在2013年的地区生产总值和税收收入情况进行计算，计算结果如表8.1所示。

表8.1　2013年贵州省9个地州市地区生产总值和地区税收收入情况

地区	地区生产总值/亿元	地区税收收入/亿元	地区生产总值占全省比重/%	地区税收收入占全省比重/%
贵阳市	2 085.42	222.34	24.98	32.77
遵义市	1 584.67	106.02	18.98	15.63
六盘水市	882.11	68.41	10.57	10.08
安顺市	429.16	33.54	5.14	4.94
铜仁市	535.22	31.38	6.41	4.63
毕节市	1 041.93	62.28	12.48	9.18
黔西南布依族苗族自治州	558.91	52.61	6.69	7.75
黔东南苗族侗族自治州	585.64	51.22	7.01	7.55
黔南苗族布依族自治州	645.54	50.63	7.73	7.46

注：由于四舍五入，表中数据有些许误差
资料来源：根据贵州省统计局公开数据资料整理而成

　　从表8.1可以看出，贵州省内各市（州）也存在着税收与税源的背离问题。首先，除了贵阳市、黔西南布依族苗族自治州（简称黔西南州）和黔东南苗族侗族自治州（简称黔东南州）3个市（州）的地区生产总值占全省生产总值比重小于其税收收入占全省税收收入比重之外，其他6个市（州）均是地区生产总值占全省地区生产总值的比重大于税收收入占全省税收收入的比重。具体为：2013年贵阳市的地区生产总值占全省比重为24.98%，而其税收收入占全省比重却是32.77%，差额为7.79%。这一数据意味着如果按照地区生产总值贡献值来衡量，贵阳市分享的税收比例应该为24.98%，但其实际分享的税收收入要高于按其地区生产总值贡献所获取的税收收入。同样，黔西南州和黔东南州也存在该问题，但两个占比之间相差较少，说明其实际分享的税收收入高于按其地区生产总值贡献所获取的税收收入。然而，对于其他6个市（州）而言，其地区生产总值占全省比重是大于税收收入占全省比重的，其中遵义市的数值之差尤为明显，其地区生产总值占全省比重为18.98%，而税收收入占全省比重却为15.63%，差额为3.35%，这意味着遵义市实际分享的税收收入要远低于按其地区生产总值贡献所获取的税收收入，同理可知，六盘水市、安顺市、铜仁市、毕节市和黔南苗族布依族自治州（简称黔南州）也存在以上问题，即实际分享的税收收入要低于按其地区生产总值贡献所获取的税收收入，尽管有些市（州）的两个数据相差不大，但也说明同样存在着税收区域分配不公平问题。

　　通过对以上九个市（州）的分析，我们可以看出贵州省内税收收入的横向分配不公平现象也是普遍存在的。为了进一步观察这种背离现象，本章选取了各市（州）最近三年的数据，运用区域税收与区域生产总值占比比较法对贵州省内的税收背离程度进行了测算和统计，如表8.2所示。

表8.2　2011~2013年省内区域税收收入背离度表（单位：%）

地区	2011年	2012年	2013年
贵阳市	12.71	10.18	7.79
遵义市	−5.04	−4.25	−3.35
六盘水市	−0.58	−0.65	−0.49
安顺市	−0.37	−0.44	−0.20
铜仁市	−1.79	−2.12	−1.78
毕节市	−3.57	−2.52	−3.30
黔西南布依族苗族自治州	−0.22	−0.11	1.06
黔东南苗族侗族自治州	0.16	1.05	0.54
黔南苗族布依族自治州	−1.30	−1.16	−0.27

资料来源：根据贵州省财政厅国库处非公开数据资料整理而成

　　从表8.2的近三年数据可以看出，贵阳市和黔东南州属于税收收入移入地，黔西南州逐渐从税收收入移出地转向税收收入移入地，而其余六个市（州）均是属于税收收入移出地。首先，贵阳的税收收入移入程度呈现逐年递减的趋势，近三年其区域税收收入背离程度下降5%左右，而黔东南州大致保持一个相对稳定的税收收入移入水平；其次，黔西南州在2011年和2012年均是税收移出状态，移出水平逐年下降，趋近于0%，而在2013年成为税收移入地，移入程度为1.06%。此外，其余六个税收收入移出区域各自的移出程度在三年内的变化都不大。其中以遵义和毕节的移出度水平最高，尤其是遵义，三年均保持3%以上的移出水平。另外值得注意的是黔南州，其移出程度逐年下降，并有趋近于零的趋势。

　　为便于进一步观察和分析，我们各选取一个税收移出与税收移入最明显的市（州）（遵义和贵阳）和两个背离程度变化相对较大的州（黔西南州和黔南州）进行折线比较，如图8.1所示。

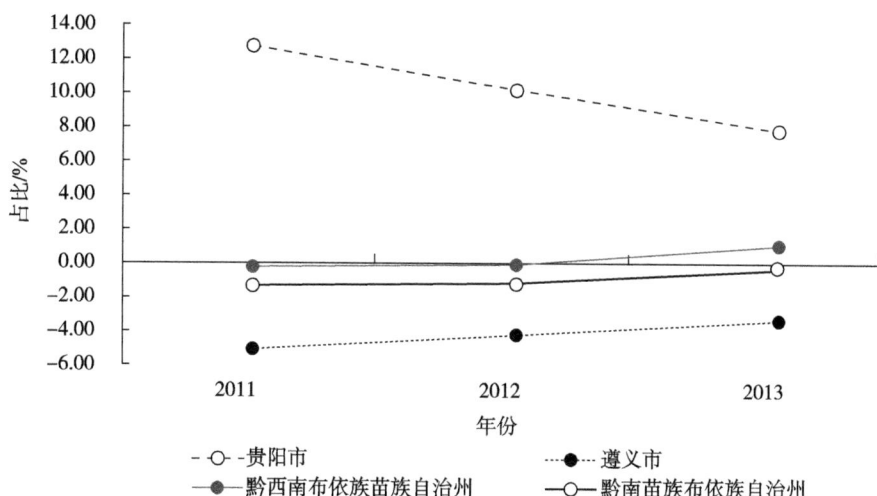

图8.1 部分区域税收背离折线图

通过图8.1可以清楚地看到，贵阳的税收收入背离程度在纵轴零刻度以上，显示着其为税收收入移入区域，且移入程度较大，但其移入程度却在逐年下降，下降幅度尤为明显。而遵义市则明显表现为税收移出区域，三年内都是大于3%的移出度，但其税收移出度也是在逐年下降的，下降幅度明显。相对于贵阳市和遵义市，黔南州和黔西南州的税收背离程度相对较小，但仍有各自的特点。黔西南州的税收背离程度在前两年是处于零刻度线以下的，但在2013年已居于零刻度线以上，说明黔西南州从税收移出转向了税收移入。而黔南州的税收移出则呈逐年降低趋势，并已接近零刻度线。

8.1.2 区域税收与区域经济差距系数比较法

通过上述区域税收与区域生产总值占比比较法的分析，我们大致了解了贵州省内各市（州）的税收移入移出情况，但仅用一种方法分析的说服力还不够强，因此，我们再次运用区域税收与区域经济差距系数比较法来分析贵州省内经济与税收的关系，即通过区域经济差距系数来反映各个地区经济发展的差距，再用区域税收差距系数来展示各个地区税收收入的差距，通过比较这两个差距系数，来分析某个区域税收与税源的关系是否存在背离。如果区域税收差距系数大于区域经济差距系数，则说明税收收入横向分配存在"劫贫济富"现象；如果区域税收差距系数小于区域经济差距系数，则说明税收收入横向分配存在"劫富济贫"现象。如果两个系数恰好相等，那么区域税收与税源的关系也正好达到均衡，不存在背离。相关公式如下所示。

平均数计算公式为

$$\overline{x} = \frac{1}{n}\sum_{i=1}^{n} x_i , \quad i=1, 2, \cdots, n$$

标准差公式为

$$\sigma = \sqrt{\frac{\sum_{i=1}^{n}(x_i - \overline{x})^2}{n}} , \quad i=1, 2, \cdots, n$$

差距系数计算公式为

$$V_\sigma = \frac{\sigma}{\overline{x}}$$

下面就利用上述公式测算2011~2013年区域税收差距系数和区域经济差距系数，测算结果如表8.3和图8.2所示。

表8.3 区域税收差距系数和区域经济差距系数表

指标	2011年	2012年	2013年
区域税收差距系数	0.87	0.79	0.74
区域经济差距系数	0.57	0.56	0.57
区域离散系数差额	0.30	0.23	0.17

资料来源：根据贵州省统计局公开数据资料整理而成

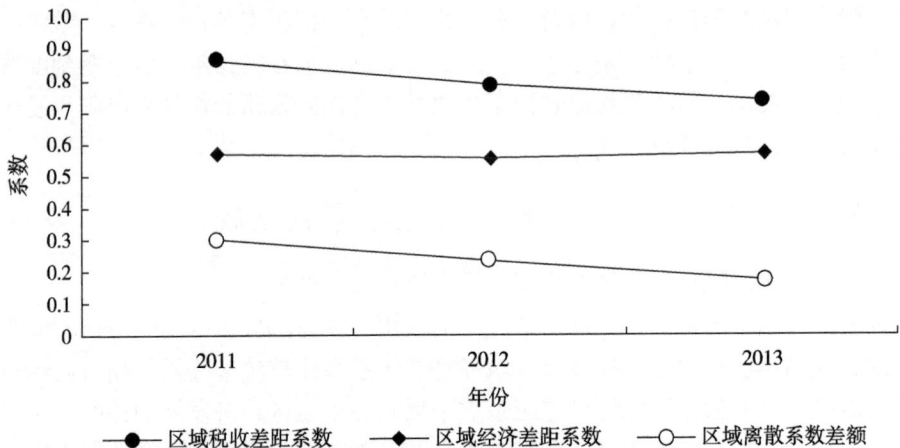

图8.2 区域税收差距系数和区域经济差距系数折线图

从表8.3和图8.2可知，近三年来，区域税收差距系数呈现出逐年下降的趋势，从2011~2012年，区域税收差距系数由0.87下降至0.79，下降0.08；从2012~2013年，区域税收差距系数又由0.79下降至0.74，下降0.05。所以，可以看出区域间的税收收入差距在逐年减小。与此相比，区域经济差距系数的变化就显得相对平稳，其从2011~2012年，区域经济差距系数由0.57下降至0.56，只有0.01的变化，同样，从2012~2013年，区域经济差距系数由0.56上升至0.57，也只有0.01的变化，几乎在近三年内区域经济差距系数处于一个稳定的状态。然而，虽然这两个系数的发展形态不太一样，但区域税收差距系数始终要大于区域经济差距系数（如图8.2中的系数差额曲线始终位于0刻度之上），说明近年以来，贵州省内税收与税源的关系都是不均衡的，省内税收横向分配始终存在"劫贫济富"的问题，不公平现象比较严重。

区域离散系数差额呈现出逐年下降的一种形态，从2011~2012年，离散系数差额由0.30下降至0.23，下降0.07，从2012~2013年，系数差额又从0.23下降至0.17，下降0.06，可以看出近三年来贵州省内"劫贫济富"的情况得到了一定程度的缓解，并且仅仅用了三年时间，离散系数几乎下降了二分之一，说明"劫贫济富"的现象在该段时间内已经得到了大幅好转，并朝着有利的趋势发展。尽管发展态势不错，但我们仍要看到贵州省的区域经济差距系数保持在一个恒定水平，有必要采取一定措施加速其下降，并且贵州省内税收差距系数的数值仍然相对过大。另外，区域税收差距系数的下降幅度要远快于区域经济差距的下降幅度。该现象反映出贵州省内缩小区域税收差距的方法并未使区域经济差距有明显的减小，其效果不明显，两者在变动速度上并未保持一致。所以，针对区域经济差距保持不变这一现象，贵州省还需多措并举，逐步降低差距系数，并采用多种财政和税收手段调控区域税收差距。上述现象均可以说明贵州财税政策的调控深度还不够，调控效果还有待提高，在调控措施方面还需要精准发力，执行有力。

8.2 贵州省内区域间税收与税源的关系特点

通过上文两种方法的测算与分析，可以看出，2011~2013年贵州省内各个市州税收与税源背离的问题仍然相对明显。在9个地州市之间，贵阳市和黔东南州连续3年内都是税收移入地，黔西南州在前两年表现为税收收入移出，在2013年转向税收收入移入，而遵义市、安顺市、六盘水市、铜仁市、毕节市、黔南州6个地州市在3年内均是税收收入移出地。

作为贵州的省会城市，贵阳实际分享的税收收入要高于按其地区生产总值贡献所获取的税收收入，具体表现为税收收入占全省税收收入比重大于地区生产总值占全省生产总值比重，存在着一定程度上的"劫贫济富"的现象。但通过以上分析，我们可以看到贵阳近几年税收移入程度在逐年减小，表现为税收收入占全省税收收入比重与地区生产总值占全省生产总值比重之间的差距越来越小，说明其"劫贫济富"的现象在逐年得到控制。黔东南州虽为税收收入移入地，但移入程度不明显，"劫贫济富"的程度便相对不明显。黔西南州税收背离度在2013转正，说明其正在由被"劫贫"转向被"济富"的阶段，但其税收移出度和税收移入度均相对较小，表现出"劫贫济富"的程度也相对不明显。而其他6个地州市的被"劫贫"的程度是不同的，其中以遵义和毕节最为严重。首先，遵义在贵州省内的经济实力仅次于省会贵阳，其2013年的地区生产总值为1 584亿元，占到了贵州省地区生产总值的18.98%，对全省经济发展的作用不可小觑，然而，其每年的区域税收收入却相对较低，税收背离程度都大于3%，从全省来看，该背离程度最大。其次，毕节也是每年近乎3%的税收背离程度，其2013年地区生产总值为1 041亿元，在全省占比约为12.48%，而其税收收入占比仅为9.18%，税收流出问题突出。除此之外，其他4个州市则同样连续3年保持着相对稳定和平缓的税收移出度。

综上所述，我们可以得出结论：贵州省内税收收入横向分配是不公平的，尤其是省会与其他地州市之间，其他州市每年都会对贵阳市形成一定的税收移入补给，并且经济发展好的地州市给省会的税收补给就相对多一些，而经济发展较弱的州市给贵阳的税收补给就相对少一些，但其他6个地州市都在一定程度上被"劫贫济富"。

8.3　贵州省内税收区域公平问题产生的原因及政策建议

8.3.1　贵州省内税收区域公平问题产生的原因

根据前文对贵州省内税收区域现状的分析，我们得到的结论为：除贵阳市、黔东南州和黔西南州（2013年表现为税收移入）以外的其他6个地州市都是税收收入移出地，贵州省内的区域税收分配是不公平的，各地州市的税收与税源均存在着不同程度的背离。而造成这一结果的原因有许多，除整体上税收制度设计存在缺陷外，各地州市本身的经济发展状况也会引起税收区域公平问题。

首先，我们从各地州市的实际情况出发，有针对性地分析它们税收移出的原因。遵义作为贵州省第二大城市，是我国的红色圣地、国酒之都，近些年其旅游业发展尤为迅速，极大带动了当地烟酒、餐饮、住宿、小商品等服务行业的消费，使遵义的经济发展迅猛。然而，虽然遵义税源较广，但其税收收入却相对较少，存在税收收入移出的问题。该现状在一定程度上是其经济税源结构和旅游业征收管理水平相对较弱导致的，但最主要原因还是在于遵义的大型企业（如茅台集团）在贵阳市缴纳税收而造成本地的税源流失。毕节市税收与税源背离的原因则主要在于其税收征管的能力不足。毕节地区经济的支柱产业和主要税源来自煤炭等资源行业，但该地区煤炭生产经营的特殊性和税收征管手段的滞后，税务机关对煤炭生产企业的实际生产数量难以准确掌握，在税收征管层面没有具体的参照数据，经常会发生少征或漏征的情况，导致税收流失现象较为普遍。当然，除毕节市外，被称为"西南煤都"的六盘水市也存在同样的问题，作为该市支柱产业的煤炭矿行业，其自身税收征管的困难和当地制度的不完善，使税收流失成为一种常态，在一定程度上限制了本地的发展。此外，铜仁、安顺、黔南这三个市州的税收移出虽然相对较少，但税收移出的原因却较为相似。一是在贵州"工业强省"的背景下，这三个市州均以发展工业为目标，兴建了一批工业园区，我们在用地区生产总值核算经济总量时，这些工业园区建设所耗费的资金是包含其中的，是作为一部分税源的，然而这些工业园区的建设大部分都享受到了税收优惠政策，因此，在一定程度上造成了税收与税源的不一致。二是由于这些市州的税收征管水平还比较落后，没有跟上旅游等服务业快速发展的形势，存在一定的征管漏洞。从经济结构来看，它们均把旅游作为当地主要产业，但旅游业的快速发展却并没有带来相应的税收收入，造成税收流失严重。旅游业是一个产业群，涉及多个行业、多种消费，在客观上就容易造成税收征管上的漏洞。例如，许多网上旅游团打着优惠的幌子不给发票是一种很常见的现象。值得注意的是，黔东南州和黔西南州与上述地区有着相似的经济结构，但却结果迥异。黔东南州和黔西南州同样把旅游业作为本地区的主要产业，但它们在政策调控上更为先进和科学，在税收征管上更有质量和效率，能及时跟上当地旅游等服务产业的发展步伐，所以这两个少数民族州税收与税源的关系较为一致。

经过上述分析，我们大致可以将造成贵州省内区域税收分配不公平的原因总结为以下三类：一是企业跨区域纳税，使税收收入的归属地不在经济发生的地区。贵州省内有许多公司（如茅台酒厂、舒普玛）在各地州市设立了子公司，而其最终的纳税地却不是该地区，他们一般是将各子公司的收入汇总到总公司，再在总公司所在地集中缴纳税款，虽然总的税收收入不变，但是却造成了各州市的税收流失，使当地税收收入减少。以茅台酒厂为例，其在遵义市的酒厂每年的总收入很高，但其税收缴纳地却是在贵阳市，这样就使遵义市的税收与税源不一致，减少了当地税收收入，却增加了贵阳市的税收收入，形成了"劫贫济富"的局面。二是贵州省内初级资源很多，定价问题造成了税收流失。贵州省最为出名的就是矿产资源，尤其是毕节市和六盘水市，但由于加工程度不高，仅仅是初级产品，所以出售的价格很低。当这些矿产被外地的公司低价购入并加工之后，其出售价格非常高，使大部分税收从矿产开发地转移到收购公司所在地。除矿产资源外，贵州的草药资源也相当丰富，但也遭遇着同样的问题，本该属于草药所在地的税收收入转移到类似于贵州百灵药业这类大型公司的注册所在地。三是税制设计中税收征管问题突出，使大量税收流失。我国税制还在不断完善的过程当中，一些行业的税收征收标准目前比较难以把握，以至于税收征管没有具体的参照数据，加之又有人趁机钻法律的空子，所以经常发生少征或漏征的情况。正如上文所分析的，贵州省许多市州的煤矿资源丰富，但对于煤矿的实际生产数量缺乏具体的税收征收标准，这就降低了当地的税收收入，造成"高收入、低税收"的结果。

8.3.2 逐步解决贵州省内税收区域公平问题的政策建议

通过对贵州省内九个地州市的分析，我们大致了解了它们税收与税源背离的原因，既包括税制设计上的因素，又包括地区自身发展受限制而导致的税收转移因素。针对这些问题，贵州要积极运用宏观调控手段，多措并举、多管齐下、多方联动，逐步缩小各市州的税收背离度，实现税收收入横向分配的公平。

首先，应正确划分税收收入的归属地，经济事项发生在哪个地区，由此产生的税收就该归属哪个地区，减少"劫贫济富"情况的发生。税收收入归属地划分不合理主要表现为企业的跨地区经营纳税，子公司的收入汇总到总公司，使子公司所在地发生经济业务而产生的税收要转移到总公司所在地。对于贵州省来说，省会城市贵阳在经济、政治、社会、文化、环境方面具有压倒性优势，本省企业通常会把公司总部设在贵阳，而把子公司向其他市州铺开，这就会出现汇总纳税的情况，使子公司所在市州的税收收入转移到总公司所在地贵阳，加剧省会城市同省内其他城市之间的财力差距和发展差距。例如，针对遵义市茅台集团跨区纳税的问题，贵州省应按照在经济发生地纳税这一原则，合理调整和划分税收收入的纳税地和归属地，减少遵义市的税收移出，使之与其税源相一致。

其次，各市州要根据本地区的要素禀赋情况，大力发展特色优势产业，抓好配套规划，提升产业配套能力。对于矿产、草药等资源丰富的地区，政府要创造条件，筑巢引凤，引进体量大、关联度高的项目，补齐煤炭、磷矿、草药等资源产业的产业链条，延长加工链条，强化产业集聚，提升产品附加值。这样既有利于推动当地传统产业的转型升级，进行供给侧改革，也能减少本地资源的"贱卖"而导致的税收收入移出。一个地区的资源不仅是有限的，而且是宝贵的，我们要尽力实现其效用最大化，打破"资源诅咒"。以六盘水市的煤矿资源为例，如果当地仍然走粗放型开采和低价销售的老路子，不仅无法实现可持续发展，还会造成税收收入的大量移出。因此，政府要加强对本地企业的引导，深挖煤炭附加值，进行全产业链开发，保证资源产品能在市场中以最优价格出售，在促进当地经济健康发展的同时，减少税收收入移出，实现税收与税源的一致。

最后，虽然近些年贵州省在经济建设上取得了很大成就，经济增长速度连续多年名列前茅，但其欠发达、欠开发的省情仍未改变，特别是在制度设计和发展理念等方面与发达地区仍存在一定差距，如政策的落地感不强、执行力度不够、调控效果不佳等。在此情况下，地方政府要加强税收征管的实施力度，尤其是在矿产资源业和旅游服务业上，要完善相应的税收征管办法条例。例如，对于煤矿行业，要明文规定计算其实际生产数量的方法及征税的标准；对于旅游公司不开发票的情况，要加强监管和监督，加大打击偷税逃税的力度，形成经济发展与税收收入相对等的局面，实现贵州省内九个市州的协调发展、绿色发展、创新发展、开放发展和共享发展。

参 考 文 献

［1］配第 W. 政治算术.陈冬野译.北京：中国社会科学出版社，2010：23.

［2］斯密 A. 国民财富的性质和原因的研究. 上卷. 郭大力，王亚南译. 北京：商务印书馆，
1981：101-103.

［3］丁飞. 日本税制优化分析. 东北师范大学硕士学位论文，2009.

［4］踪家峰，李蕾.Tiebout模型的研究：50年来的进展. 税务研究，2007，3：23-25.

［5］马斯格雷夫 RA. 财政理论与实践. 邓子基译. 北京：中国财政经济出版社，2003：54.

［6］布坎南 JM，马斯格雷夫 RA. 公共财政与公共选择：两种截然不同的国家观. 类承曜译.
北京：中国财政经济出版社，2000：65-67.

［7］刘叶婷. 中国地区间税收横向转移问题研究——以企业所得税和增值税为主要测算依据.
安徽大学硕士学位论文，2012.

［8］国务院发展研究中心“制度创新与区域协调研究”课题组. 税收与税源背离的情况及其对
区域协调发展的不利影响. 发展研究，2011，1：58-65.

［9］王辉. 中国地区间税收与税源非均衡性问题对策研究. 辽宁大学博士学位论文，2012.

［10］刘金山，何炜. 流转税税收税源背离与地区经济发展——基于消费原则的研究. 税务研
究，2014，4：81-87.

［11］王倩，刘金山. 我国区域税收转移的成因与影响. 未来与发展，2009，5：49-52.

［12］刘玉池，王卫，李立群. 税收在地区间的转移. 税务研究，1996，11：10-11.

［13］刘笑萍. 国内税收竞争的经济效应分析. 税务研究，2005，2：85-87.

［14］税收与税源问题研究课题组. 区域税收转移调查. 北京：中国税务出版社，2007：7.

［15］税收与税源问题研究课题组. 区域税收转移调查. 北京：中国税务出版社，2007：23-25.

［16］杨颖. 结构性减税背景下促进地方发展的税收政策分析. 会计之友，2013，1：51-55.

［17］邹国金，陈蜀庆，黄河舟. 所得税净流出变为净流入？中国税务报，2008-04-21.

［18］陕西省国家税务局课题组. 税收与税源背离问题探讨. 税务研究，2007，5：32-34.

［19］董学泰. 云南省税收转移研究——以增值税征收为例. 云南大学硕士学位论文，2011.

［20］丁洁. 新疆税收与税源背离问题研究. 新疆社会科学，2014，4：34-39.

［21］色诺芬. 回忆苏格拉底. 吴永泉译.北京：商务印书馆，1984：164-186.

［22］包利民. 生命与逻各斯——希腊伦理思想史论. 北京：东方出版社，1996：176.

［23］柏拉图. 理想国. 郭斌和，张竹明译.北京：商务印书馆，1986：42-156.

［24］亚里士多德. 尼各马科伦理学. 苗力田译. 北京：中国人民大学出版社，2003：92.

［25］亚里士多德. 尼各马科伦理学. 苗力田译. 北京：中国人民大学出版社，2003：94.

［26］亚里士多德. 政治学.吴寿彭译. 北京：商务印书馆，1965：234-235.

［27］亚里士多德. 尼各马科伦理学. 苗力田译. 北京：中国人民大学出版社，2003：98.

［28］吴忠民. 社会公平论. 济南：山东人民出版社，2004：50.

［29］萨拜因 GH. 政治学说史（下）. 刘山译. 北京：商务印书馆，1986：485-486.

［30］张博树. 《利维坦》导读. 成都：四川教育出版社，2002：14.

［31］卢梭. 论人类不平等的起源和基础. 高煜译.桂林：广西师范大学出版社，2002：102.

［32］卢梭. 社会契约论. 何兆武译. 北京：法律出版社，1958：40.

［33］罗尔斯 J. 正义论. 何怀宏译. 北京：中国社会科学出版社，1988：56.

［34］诺齐克 R. 无政府、国家与乌托邦. 何怀宏译. 北京：中国社会科学出版社，1991：230.

［35］诺齐克 R. 无政府、国家与乌托邦. 何怀宏译. 北京：中国社会科学出版社，1991：156-159.

［36］中共中央马克思恩格斯列宁斯大林著作编译局. 马克思恩格斯全集. 第3卷. 北京：人民出版社，1995：311.

［37］中共中央马克思恩格斯列宁斯大林著作编译局. 马克思恩格斯全集. 第3卷. 北京：人民出版社，1995：147.

［38］中共中央马克思恩格斯列宁斯大林著作编译局. 马克思恩格斯全集. 第3卷. 北京：人民出版社，1995：150.

［39］中共中央马克思恩格斯列宁斯大林著作编译局. 马克思恩格斯全集. 第3卷. 北京：人民出版社，1995：149-150.

［40］中共中央马克思恩格斯列宁斯大林著作编译局. 马克思恩格斯全集. 第3卷. 北京：人民出版社，1995：211.

［41］中共中央马克思恩格斯列宁斯大林著作编译局. 马克思恩格斯全集. 第3卷. 北京：人民出版社，1995：212.

［42］中共中央马克思恩格斯列宁斯大林著作编译局. 马克思恩格斯全集. 第3卷. 北京：人民出版社，1995：446-447.

［43］中共中央马克思恩格斯列宁斯大林著作编译局. 马克思恩格斯全集. 第3卷. 北京：人民出版社，1995：444-445.

［44］中共中央马克思恩格斯列宁斯大林著作编译局. 马克思恩格斯全集. 第3卷. 北京：人民出版社，1995：448.

［45］中共中央马克思恩格斯列宁斯大林著作编译局. 马克思恩格斯全集. 第3卷. 北京：人民出版社，1995：492.

［46］中共中央马克思恩格斯列宁斯大林著作编译局. 马克思恩格斯全集. 第3卷. 北京：人民出版社，1995：500.

［47］中共中央马克思恩格斯列宁斯大林著作编译局. 马克思恩格斯全集. 第1卷. 北京：人民出版社，1995：149-151.

［48］中共中央马克思恩格斯列宁斯大林著作编译局. 马克思恩格斯全集. 第3卷. 北京：人民出版社，1995：305.

［49］张松如. 老子说解. 济南：齐鲁书社，1987：468.

［50］毛泽东. 毛泽东选集. 第四卷. 北京：人民出版社，1991：1314.

［51］董楚平. 农民战争与平均主义. 北京：方志出版社，2003：9.

［52］毛泽东. 毛泽东文集. 第二卷. 北京：人民出版社，1993：232.

［53］毛泽东. 毛泽东文集. 第二卷. 北京：人民出版社，1993：166.

［54］毛泽东. 毛泽东文集. 第二卷. 北京：人民出版社，1993：168-169.

［55］毛泽东. 毛泽东文集. 第二卷. 北京：人民出版社，1993：130-168.

［56］邓小平. 邓小平文选. 第3卷. 北京：人民出版社，1993：157.

［57］邓小平. 邓小平文选. 第3卷. 北京：人民出版社，1993：155.

［58］邓小平. 邓小平文选. 第3卷. 北京：人民出版社，1993：23.

［59］邓小平. 邓小平文选. 第3卷. 北京：人民出版社，1993：101.

［60］中共中央马克思恩格斯列宁斯大林著作编译局. 马克思恩格斯全集. 第3卷. 北京：人民出版社，1995：443-444.

［61］吴忠民.社会公平论.济南：山东人民出版社，2004：88-95.

［62］奥肯 AM.平等与效率——重大的权衡. 王奔洲译.北京：华夏出版社，1988：122.

［63］麦迪森 A. 世界经济千年史. 伍晓鹰译. 北京：北京大学出版社，2003：116.

［64］麦迪森 A. 世界经济千年史. 伍晓鹰译. 北京：北京大学出版社，2003：8.

［65］斯密 A. 国民财富的性质和原因的研究. 下卷. 郭大力，王亚南译. 北京：商务印书馆，1981：153.

［66］中共中央马克思恩格斯列宁斯大林著作编译局. 马克思恩格斯选集. 第1卷. 北京：人民出版社，1995：256.

［67］中共中央马克思恩格斯列宁斯大林著作编译局. 马克思恩格斯全集. 第2卷. 北京：人民出版社，1957：360.

［68］斯密 A. 国民财富的性质和原因的研究. 下卷. 郭大力，王亚南译. 北京：商务印书馆，1981：272.

［69］郭丽华.西方公平观述评.内蒙古社会科学，1996，9：9-11.

［70］斯密 A.国民财富的性质和原因的研究. 下卷. 郭大力，王亚南译. 北京：商务印书馆，1981：384.

［71］秦蕾. 西方税收公平思想的演进及对建立和谐税收的启示. 中共成都市委党校学报（哲学社会科学），2005，6：51.

［72］布坎南 JM. 公共财政. 赵锡军译. 北京：中国财政经济出版社，1991：257-261.

［73］王国清，朱明熙，刘蓉.国家税收. 成都：西南财经大学出版社，2001：35.

［74］西蒙 H. 个人所得税. 芝加哥：芝加哥大学出版社，1983：40-51.

［75］秦蕾. 西方税收公平思想的演进及对建立和谐税收的启示. 中共成都市委党校学报（哲学社会科学），2005，6：52.

［76］戴蒙德 PA，米尔利斯 JA. 最优税收与公共生产（一）：生产的有效性. 美国经济评论，1971，3：8-27.

［77］戴蒙德 PA，米尔利斯 JA. 最优税收与公共生产（二）：税收规则. 美国经济评论，1971，6：261-278.

［78］冯·哈耶克 FA. 不惜任何代价的充分就业吗？世界经济译丛，1981，1：19.

［79］梁孝. 新自由主义简史.国外理论动态，2002，11：4-7.

［80］普特曼 L. 发展中的国家与市场：协调还是对立？上海：上海财经大学出版社，1994：255.

［81］孙文学，刘佐. 中国赋税思想史. 北京：中国财政经济出版社，2005：19.

［82］关桐. 古代社会文化探究.北京：中国社会科学出版社，2005：26-30.

［83］王纪平. 中国古代税收思想史. 北京：中国财政经济出版社，2007：127.

［84］陆贽. 陆宣公集·卷二二. 杭州：浙江古籍出版社，1988：1.

［85］赵靖，易梦虹. 中国近代经济思想资料选辑. 上册. 北京：中华书局，1982：269-270.

［86］太平天国历史博物馆. 太平天国文书汇编. 北京：中华书局，1979：168.

［87］李泽厚. 中国近代思想史论. 天津：天津社会科学院出版社，2003：32.

［88］江苏省中华民国工商税收史编写组. 中华民国工商税收史料选编第一辑. 上册. 南京：南京大学出版社，1996：119.

［89］马寅初. 吾国税制亟应适用均富政策. 民国时报，1927-10-10.

［90］罗森 H S. 财政学.郭庆旺译. 中国财政经济出版，1992：29-32.

［91］温家保. 财政史为何"惊心动魄". 财政监督，2008，47：3.

［92］杨杨. 和谐社会下税收公平制度选择. 西南财经大学博士学位论文，2008.

［93］王国清，朱明熙，刘蓉. 国家税收. 成都：西南财经大学出版社，2001：57-59.

［94］杨宏. 总部经济模式下区域税收与税源背离的思考. 中央财经大学学报，2009，3：1-5.

［95］赵弘. 总部经济. 北京：中国经济出版社，2004：19-22.

［96］杨杨，王立. 税收负担与税收弹性的实证分析——以贵州省1978—2011年数据为例.会计之友，2013，8：109-115.

［97］人力资源社会保障部人事教师中心. 财政税收专业知识与实务. 北京：中国人事出版社，2013：45.

［98］人力资源社会保障部人事教师中心. 财政税收专业知识与实务. 北京：中国人事出版社，2013：48.

［99］综合规划开发处.贵州省2013年人力资源和社会保障事业统计公报. http://gz.hrss.gov.cn/web/865265073524834304/20140709/2264096.html，2014-07-09.

［100］庞凤喜."营改增"与分税制财政体制重塑. 中国财政，2014，1：21-23.

［101］人力资源社会保障部人事教师中心. 财政税收专业知识与实务. 北京：中国人事出版社，2013：52.

［102］韩存，毛剑芬. 国外合并纳税制度及其对我国的启示. 山东工商学院学报，2008，2：66-69.

［103］施勇. 中国35个主要城市总部经济发展能力排行榜揭晓. 中国科技产业，2011，2：61-62.

［104］税收与税源问题研究课题组. 区域税收转移调查.北京：中国税务出版社，2007：103-120.

［105］杨杨，王立. 税收与税源背离的现状及原因探讨——以贵州省为例. 会计之友，2014，9：67-71.

［106］邓冉. 税收与税源背离问题研究. 首都经济贸易大学硕士学位论文，2009.

［107］林颖. 税收竞争框架下税收与税源背离问题研究——以湖北为例.财政经济评论，2011，6：89-106.

［108］杜芳. 农产品加工业高速增长总产值达到15万亿. 经济日报，2013-01-08.

［109］潘跃. 为残疾人撑起梦想的天空. 人民日报，2013-12-03.

［110］罗森 H S. 财政学. 郭庆旺译. 中国财政经济出版，1992：78.

［111］沙安文. 财政联邦制与财政管理. 北京：中信出版社，2005：35-40.

［112］杨斌. 国际税收. 上海：复旦大学出版社，2003：78.

［113］范恒山. 我国促进区域协调发展的基本经验. 人民日报，2014-04-01.

［114］人力资源社会保障部人事教师中心. 财政税收专业知识与实务.北京：中国人事出版社，2013：7.

［115］张成福，党秀云.公共管理学. 北京：人民大学出版社，2007：12-15.

［116］汪勤. 目的地原则和来源地原则边境税调整下的均衡. 华东师范大学硕士学位论文，2010.

［117］毛蕾，王海萍. 德国的横向财政转移支付及对我国的启示. 科技与产业，2006，9：64-66.

［118］国家税务总局. 跨省市总分机构企业所得税分配及预算管理办法. http://www.chinatax.gov.cn/n8136506/n8136593/n8137537/n8138502/12009775.html，2012-06-12.

［119］曾金华，崔文苑. 2013年国企利润总额约2.4万亿. 新快报，2014-01-22.

［120］黄静. 促进贵州循环经济发展的税收政策取向分析. 贵州商业高等专科学校学报，2013，
　　　2：36-40.

［121］赵兴智. 贵州特色农业发展各地有实招. 贵州日报，2014-08-22.

［122］李园. 加快我省100个现代高效农业示范园区建设的对策建议. 贵州信息与未来，2013，
　　　5：36-40.